교육천국 만들기 **5대 키워드**

교육낙원 가는 길

오태진 지음

청어 도서출판

교육낙원 가는 길

오태진 지음

언제까지 교육지옥입니까?
이젠 우리 모두 교육낙원에 삽시다

강국희
(성균관대학교 생명공학부 명예교수)

반세기가 넘도록 우리 국민을 힘들고 어렵게 하던 한국교육은, 이제서야 진정한 해결사를 만나서, 바람직한 교육세상으로 변혁될 것 같습니다.

한국교육의 5대 문제를 일거에 완결! 경쟁, 사교육, 교육비 짐, 대학입시지옥, 공부거리 짐을 영구히 없애므로, '더 이상 좋을 수 없는 교육세상'을 만들 대안을 제시한, 오태진 목사님의 저서『교육낙원 가는 길』의 출간으로, 우리 국민이 짊어졌던 모든 교육의 짐을 몽땅 벗기고 완전히 없애서, 교육지옥에 종지부를 찍고, 우리 모두가 교육낙원에서 고민 고통이 없는 참 교육의 행복을 누리며 살 수 있게 되었기 때문입니다.

수 십 년 간 교육당국이 한국교육의 5대 문제 중 어느 것 하나, 제대로 해결하지 못하는 작금의 한국교육 현황은, 경쟁지옥, 시험지옥, 대학입시지옥을 말하는 형편이며, 심지어는 학교조차 창살 없는 감옥이라며 학업을 포기하고, 떠나는 학생이 연간 수 만 명이며, 교육선진국에는 전혀 없는 사교육이 필수가 되어 기승을 부리므로, 연간 20조 이상의 사교육비는, 학생이 현저히 줄어드는데도 오히려 계속 늘어나 학부모들의 허리를 휘게 하고, 해마다 대학입시철이면 수능대박 기원 기도회가 전국각지에서 연례행사로 벌어지고 있는 우리 한국은, 교육지옥이라 부를 만큼 우리 국민을 힘들게 하는데, 이런 난제를 해결할 수 있는 바람직한 대안을 내놓는 해결사가 없어서, 깊은 절망에 빠져 있었습니다.

상황이 이렇게 심각한데도 교육당국은, 국민들에게 힘과 소망을 주는 어떤 바람직한 교육개혁의 비전도 제시하지 못하므로, 국민들은 실로 암담한 심정으로, 이 나라를 교육낙원으로 바꿔줄 착한 해결사의 출현만을 오랫동안 고대(苦待) 해왔습니다.

이러한 정황에서 평소 존경하던 오태진 목사님의 오랜 연구결과로 탄생한, 한국교육의 제 문제를 포함한 5대 문제의 완결대안을 담은 귀중한 책『교육낙원 가는 길』의 출간을 축하드리며, 추천사를 쓰게 된 것을 매우 기쁘게 생각합니다.

한국 교육을 지옥이라고 말하며 문제를 제기하는 사람은 많지만, 이에 대한 속 시원한 해답을 내놓는 사람도 없고, 더구나 이를 총체적으로 통쾌하게 해결할 대안을 제시하는 해결사 역할을 해낼 사람은 더 더욱 찾을 수가 없는 것이 안타까운 오늘날의 현실입니다.

이렇게 미로를 헤매는 것처럼, 도저히 빠져나올 수 없는 늪 속을 허우적거리는 것처럼, 해결하기 힘든 교육난제를, 오 목사님께서 심혈을 기울인 연구와 번뜩이는 예리한 통찰력으로, 완벽하게 해결할 대안을 찾아내서 한 권의 책으로 출간 하신 것입니다.

'한국교육정상화와 낙원화를 위한 모둠개혁 대안'을 담은 『교육낙원 가는 길』은 대단히 쉽게 쓰셨지만 아주 놀라운 면이 있습니다.

한국교육의 제 문제는, 현재의 교육구조와 교육기저를 그대로 고수하면서는 어느 누구도 결코 해결할 수가 없다는 것과, 교육당국이 교육난제의 해결을 위해 애는 쓰지만 해결이 안 되는 근본 원인은, 문제의 원인은 그대로 두고 결과만을 바꾸려는 모순 때문이라는 것을 목사님은 날카롭게 지적하며, 그 해법의 실마리를 풀어주므로, 우리 대한민국이 교육낙원이 될 수밖에 없는 아주 쉽고, 확실한 길로 인도(引導)하고 있습니다.

이 대안은, 우리 한국교육과, 많은 사람이 교육 낙원이라고 말하는 교육선진국 교육을, 정밀비교 연구한 결과로 만들어진 것으로, 간단히 압축하면 "한국교육 문제의 해답은 우리가 갖고 있는 문제를 이미 다 말끔히 완결한, 교육낙원을 제대로 벤치마킹하여 짝퉁처럼 복제하는 것이다"라고 가르쳐줍니다.

사실 그렇게만 되면 어느 누구도 감히 해결할 엄두도 못내고 온 국민이 계속 힘들게 씨름하며 고민 고통 하는 우리 교육의 5대 문제가 영구히 완결 됩니다.

1. 경쟁스트레스가 없는 교육이 이루어지고
2. 사교육이 완전히 근절되어 학원시대가 막을 내릴 것이며
3. 교육비 걱정과 짐이 일체 없이 유치원부터 대학 졸업까지 전 국민100% 무상교육이 당장 가능해질 것이고
4. 수능이 없이 대학진학을 가능케 하므로, 대입관련 제 문제도 몽땅 없어지므로 대학입시지옥이 완전히

사라질 것이며

5. 무거운 공부거리 짐을 없애서 학생들이 자유롭고
   여유롭게 공부할 수 있는 맞춤형 실용교육이 시행
   될 것입니다.

그렇게 되면 우리 한국도 누가 보아도 교육낙원이라고
인정할 수밖에 없는, 멋진 교육세상이 될 수밖에 없지 않
습니까?

이런 관점에서 목사님은, 우리가 힘들게 씨름하고 있
는 교육의 제 문제를, 이미 완결한 성공 사례를 보여주는
교육선진국이, 이 지구촌에 엄존하고 있다는 사실은, 우
리에게 얼마나 고무적인 현상인가? 질문하며, 이에 대한
교육당국과 국민들의 대오각성을 촉구하고 있습니다.

그리고 『교육낙원 가는 길』이 제시한 대안을 통해서,
우리 한국이 실제로 교육천국이 되어, 국민 모두가 희희
낙락 할 수 있게 되는 것은 시간문제라고 호언(豪言) 하
십니다.

저는 목사님께서 처음 쓰신 책 『한국교육해결사』를 읽으면서, 한국교육 문제의 답이 이 책 속에 모두 다 있었구나! 감탄했고, 한국 국민을 '괴물화 된 한국교육 골리앗'의 압제로부터, 해방시켜 자유케 할 해결사는 바로 오 목사님이다, 직감했고 그래서 강사로 모시고 '한국교육 정상화와 낙원화 방안'이라는 주제로 세미나를 열기도 했었습니다.

『한국교육해결사』의 후편이요 완결편이 되는『교육낙원 가는 길』을 읽으면서는, 한국교육의 낙원화 대안을 더 쉽고 짧게 압축해서 핵심만 밝혀 놓았지만, 이 대안을 우리 교육당국이 그대로 활용하기만 하면, 한국이 교육낙원으로 바뀌는 것은 당연지사라고 자신 있게 확언드립니다.

교육당국자는 물론 온 국민의 필독서로써 부족함이 없는 명저인『교육낙원 가는 길』이 우리 한국교육을 반드시 교육낙원으로 바꿀 수 있다는 확신에서, 저 유산균 과학자 강국희의 이름으로 일독을 권하며, 우리 교육당국자들의 대오각성으로 최단시간에 '교육낙원 만들기'를 완수할 것을 강력히 촉구합니다.

애독자 여러분! 이제 오태진 목사님이 닦아 놓은 "교육낙원 가는 길"을 힘차게 달려서 우리 모두 교육낙원의 주인공으로 즐겁게 삽시다.

성균관대학교 생명공학부 명예교수

유산균 박사 강국희

kauthead@gmil.com

이젠 한국교육의
절대희망과 행복을 노래하자

교육낙원에서 살자

　10년이면 강산이 변한다는 말이 있건만, 우리 한국교
육은 그간 국가 발전에 많은 이바지를 해왔음에도 불구
하고, 아직까지도 고질적인 5대 문제는 미해결로 남아서
우리 국민을 괴롭힌다.

　8·15 해방 이후 반세기를 지나 76년이란 세월이 흘러
흘러 갔어도, 우리 교육에서 지옥이라는 말은 사라지지
않았고, 지금도 교육문제를 언급할 때마다 이 기분 좋지
않은 단어는 여전히 회자되고 있다.

2021년을 맞은 현재도 여전히, 한국교육의 5대 문제인 성적경쟁 스트레스와 교육비 걱정과 짐, 사교육과 대학 입시지옥, 무거운 공부거리 짐은 도무지 해결될 기미를 보이지 않은 채, 우리 국민의 행복지수를 OECD국가 중 최하위에 머물게 하고 있다.

시험지옥, 대학입시지옥, 경쟁지옥, 심지어는 학교를 지옥이라고 말하는 학생들도 있을 정도로, 우리 교육은 아직까지도 국민을 힘들고 어렵게 하며, 해결의 실마리 조차 찾지 못한 여러 교육 난제가 학생, 학부모, 교사, 모두를 고민 고통하게 하여 교육지옥을 못 면하고 있는 형편이다.

필자는 십 수 년 전, 초교 4년 여학생이 성적이 떨어진 것을 비관, 고층 아파트에서 몸을 던진 슬픈 사건에 큰 충격을 받고, 이런 비극적인 한국교육을 정상화하고 천국화하고자 결심! 수 년의 노고 끝에 한국교육의 문제를 통쾌하게 해결하는 "한국교육정상화 천국화를 위한 모둠 개혁 대안"을 만들어냈다.

그 결과,

경쟁

사교육

교육비 걱정과 짐

대학입시지옥

공부거리 짐

이 모두를 일괄해서 몽땅 일거에 해결하는, '모둠개혁 대안'을 다 완성하고 나서, 너무도 기쁜 마음에 "이제는 우리 한국교육의 모든 문제를 완결할 수가 있게 됐다"고, 여러 사람들 앞에서 호언했을 때, 그때 처음 나의 말을 들은 사람들은, 대개 이상한 눈초리로 나를 바라보았다.

그들의 말없는 눈빛은 이렇게 말하고 있었다.

'하룻강아지 범 무서운 줄 모른다더니, 교육문제가 얼마나 어려운데, 교육당국도 수 십 년 속수무책으로 전전긍긍하는 심각한 교육난제를, 교육 전문가도 아닌 주제에, 감히 간단히 해결할 수 있다고 큰소리를 치는가?' 속으로 비아냥대는 것을 직감할 수 있었다.

그러나 각계각층 인사들 앞에서 "한국교육모듬개혁대안"을 여러 사례를 들어 진지하게 프레젠테이션을 마쳤을 때는, 전혀 다른 태도로 바뀌어졌다.

"그대로만 되면 정말 우리 한국도 더 이상 좋을 수 없는 교육세상이 될 수밖에 없겠습니다. 어서 책을 내세요. 이 시대 꼭 필요한 책입니다."

특히 자녀를 둔 학부모들이, 호평과 격려를 아끼지 않았다.

이 대안 완성 후에 가장 먼저 부친께 그 내용을 말씀드렸는데, 교육계에서 30년 넘게 헌신하시고 초등학교 교장으로 은퇴하신 아버님은 "야, 그것 참 좋다. 그런 나라가 만들어지면 우리 국민 모두가 얼마나 행복하겠니?" 적극 찬동하시며 그 대안을 활용하는 데는, 대통령을 만나는 것이 첩경이라시며 강권하셨고, 순진한 나는 즉각적으로 순종을 했다.

그러나 한국 대통령 비서실은 참으로 매정하고 야속했다.

당시 박근혜 대통령께 편지로 대안 소개를 위한 면담 요청을 했지만, 내가 무명인사라선지 계속 면담 불가 답장 뿐, 대통령께서 바쁘시면 필요한 자료를 보낼 테니 전달해 주십사 간청했지만, 무슨 내용인지조차도 비서실은 한 마디도 물어보지도 않았다.

박 대통령의 임기 초부터 보낸 면담요청이 매번 허사가 되었지만, 그 후 『한국교육해결사』라는 책을 출간, 대통령께 보내며 비서실장께도 한 권을 같이 소포로 보냈다.(한광옥 대통령 비서실장 때)

그러나 우리 한국이 불운한 것인가?

교육 문제의 일괄해결 대안을 통한 한국교육 천국화의 소원을 담은 그 책 역시 대통령 탄핵의 정황이라선지, 이번엔 답장도 없이 유야무야 되고 말았다.

그러다 새 정부는 '광화문시대'를 여는 소통의 정부를 만든다고 호언하기에, 다시 희망을 갖고 편지부터 보내며, 대통령 면담 시에 책자를 포함한 자료를 모두 제공하겠다며 수차례 간곡한 요청을 했으나 무위에 그쳤고, 나중에는 문 대통령께서 교육대통령이 되실 수 있도록 기회를 드려서 온 국민을 행복하게 하려는, 나의 생애에 최대 애국 애족을 막는 당신들의 행위를 고소할 것이라는 내용증명까지 보냈다.

그러나 박 정부나 문 정부나 소통 부재는 도찐개찐, 여전히 소통이 불가능한 꽉 막힌 대통령 비서실이었다.

그래도 20년 가까운 세월을 필생의 사명으로 여겨 완성한 이 막중한 대안을, 그냥 방치하거나 없었던 일로 포기할 수는 없지 않는가?

이제 마지막 방법은, 다시 한 번 '한국교육 모둠개혁 대안'을 간추린 책(『교육낙원 가는 길』)을 출간하고, 이를 유튜브를 통해서 (한국교육 착한 해결사의 SOS라는 제목으로) 나의 이 불타는 염원을 언론과 국민들과 대통령에게 알리려 한다.

그러면 현명한 우리 국민 중에 뜻을 같이하는 동지들이, 홀로 고군분투하는 필자와 함께 하여 이 일을 훌륭히 마무리 짓게 될 것이라 확신하며, 처음 해보는 유튜브를 위해 용기를 내기로 했다.

나는 존경하는 민족지도자 도산 안창호 선생님의 "진리는 반드시 따르는 자가 있고, 정의는 반드시 이루어질 때가 온다."는 말씀을 굳게 믿는다.

나는 나의 이 대안이 한국교육의 짐으로부터 우리 국민을 자유롭게 하는 진리요, 나의 이 행위가 온 국민을 행복하게 하는 정의로운 것이라 확신한다. 그리고 이 정의의 실현이 바로 코앞에 다가왔음도 실감한다.

본격적으로 교육 문제를 논하기 전에, 필자가 만든 짧은 이야기 하나를 소개한다.

최강 인공지능 로봇 알파고와의 대화

"교육천국과 지옥은 뭐가 다르니? 교육지옥 해결사는 누구니?"

바둑 천재 이세돌 9단을 이긴 '최강 알파고'에게 "한국 교육에 대해 물어볼게 대답해주겠니?" 말을 걸었다. "교육천국과 교육지옥이란 나라는 뭐가 다른지 아니?"

"그럼요. 교육천국은 교육지옥에 있는 문제와 짐이 없어서 온 국민이 행복한 나라고요. 교육지옥은 교육천국에서는 이미 다 완결한 고질적 문제로 고통당하면서도 바꿔볼 생각을 못하고, 계속 힘들게 사는 나라의 별명이지요."

"그렇구나, 그럼 우리 한국이 교육지옥이라는 말도 맞겠네?"

"그런 셈이지요. 그러게 교육지옥을 말하는 국민들이 적잖이 있잖아요?"

"그러면 누가 한국을 교육천국으로 바꿔줄 수 있겠니? 대통령님이니?"

"아니죠, 그분이 나서시면 더 이상 좋을 순 없지만 그건 어려울 거예요."

"하실 일이 너무 많잖아요."

"그럼 교육부 장관은?"

"이 일을 장관님이 해결할 수 있었다면 한국은 벌써 교육천국이 됐겠죠. 누가 교육부장관이 돼도 현재와 같은 불합리한 경쟁교육구조를 고수하는 한, 교육정상화나 천국화는 부지하세월일 겁니다. 이대로라면 대입개편안을 포함한 모든 교육문제는 앞으로도 해결은커녕 혼란만 가중 될 게 뻔합니다."

"그럼 우리는 이대로 힘들게 살아야만 하니? 네가 아는 해결사는 없는 거야?"

"아니에요. 한국에는 이를 해결할 착한 해결사가, 한국을 '더 이상 좋을 수 없는 교육세상'으로 만들 훌륭한 대안을 벌써 마련해 놓았어요. 문제는 많은 사람들이 이 사실을 모른다는 것이죠. 그 책을 몇 장만 읽어봐도 금시 눈이 활짝 열려서 어떻게 한국교육을 정상화하고 천국화할지 그 해답을 확실히 알게 될 텐데 말이에요."

"그런 희한한 책이 다 있어? 제목이 뭔데?"

"'교육낙원 가는 길'인데요. 이 책에는 고질적 5대 교육문제를 말끔히 완결, 한국이 교육천국이 될 수밖에 없는 '한국교육모둠개혁대안'을 구체적으로 명시해 놓았어요.

저자는 교육문제를 몽땅 없앤다고 해서 '5무(五無) 교육천
국 만들기 대안'이라고도 불러요."

"무얼 어떻게 하겠다는 건데?"

"경쟁, 사교육과 선행학습, 온 국민의 교육비 걱정과
짐, 대학입시지옥, 공부거리 무거운 짐, 이 5대 문제를
완전히 영구히 없애버린, 우리 국민 모두가 행복한 교육
세상을 만든다는 거지요."

"그럼 일대 변혁이 일어나겠는데?"

"그럼요. 그 책을 대통령과 교육부 장관이 보시면, 최
고의 교육구조가 최 단 시일에 만들어져 지금 세상을 시
끄럽게 하는 대입 개편안이나, 반값등록금 같은 사소한
문제는 조족지혈이 되고, 5대 교육문제가 일거에 영구종
결 될 겁니다."

"그렇게 굉장한 책이야? 그러면 그 책이야말로 진짜
해결사인 거잖아?"

"그런 셈이지요."

"아마도 한국국민을 역사상 최고로 행복하게 해줄, 국
보급 해결서(解決書)가 될 것이라 믿어서, 강력 추천하고
싶습니다. 그 책을 통해서 한국은 교육지옥에서 교육천

국으로 완벽하게 바뀔 수 있을 겁니다."

최강 알파고가 추천하는 그런 책이 정말 있을까? 그리고 그 책대로 하면 한국도 수년 내 교육천국이 될 수 있을까? 제게 물으신다면, 필자는 감히 본서야말로 최강 알파고가 말하는 그런 책이라고, 그리고 본서의 대안대로 하면 틀림없이 한국도 교육낙원이 될 수밖에 없다고, 자신 있게 대답할 것이다.

(이 대안은 각계각층 인사들 앞에서 수차의 프레젠테이션으로 이미 그 사실을 검증을 받았다. 전 현직 교사, 대학교수와 여러 학부모와 학생들과 5개 분야의 저명한 박사님들로부터도 호평과 격려를 받았음. 가천대총장 길병원원장 이길여 박사님과 연세대명예교수 김동길 박사님도 격려해주셨음.)

본서가 우리 국민조차 교육지옥 운운하는 대한민국을 어떻게 국민 모두 흡족해서 OK! 하는 교육천국으로 일거에 바꿀 수 있는지 그 대안을 명쾌하게 밝히므로, 독자들께서는 분명히 다음과 같은 긍정적 반응을 보이실 것이라 확신한다.

"이 책을 읽고 우리 교육에 밝고 큰 희망이 생겼어요. 그대로만 하면 교육천국이 될 수밖에 없겠습니다."

"이 책을 읽다보니 우리가, 참 바보처럼 살았다는 생각이 들었습니다.

독일처럼 사교육 없이, 핀란드처럼 교육비 걱정 없이, 캐나다처럼 대학입시지옥 없이, 경쟁과 공부거리 짐이 없는 교육세상에서 행복하게 잘 살 수 있었던, 우리 국민들이 수 십 년을 헛고생하며 살았네요.

지금이라도 그런 거국적 헛수고를 멈추게 됐으니 정말 다행이지요."

"진작 이런 대안이 나왔더라면, 교육지옥이란 말도 생기지 않았겠죠."

"경쟁, 사교육, 교육비 짐, 대학입시지옥, 공부거리 짐, 이 중 하나만 완전히 해결해도 대단한데, 이 5대 문제를 일괄해서 완결할 대안을 내놓다니 놀랍습니다."

"100% 무상교육 대안은, 반값등록금도 해결 못하는 우리 한국을, 발상의 전환만으로 100% 무상교육 시행 가능 국가로 바꾸는 위대한 아이디어입니다."

"수능 없는 캐나다처럼 대학입시지옥이 사라지고, 대입 관련 문제가 깨끗이 사라져, 관련 보도조차 없는 대한민국이 될 것을 생각하니 꿈만 같습니다."

필자는 본서가 알파고의 지적대로, 교육지옥 탈출의 돌파구요, 우리 교육 천국화의 문을 활짝 여는 마스터키가 될 것이라 확신한다.

정말 그럴까?

역대 정권과 기라성 같은 교육전문가들도 해결 못한, 엄청 거창한 난문제의 해법을, 너무 쉽게 말해서 혹시라도 흰소리로 생각된다면, 본서가 소개하는 생생한 사례를 통해 그 진위를 명확히 확인할 수 있을 것이다.

한국교육문제 완결을 위한 명쾌한 해답을 찾고 보니,

본서가 다윗이 던진 돌과 같이, 국민 모두를 힘들게 하고 괴롭히는 '교육괴물 골리앗'을 일격에 무찌를 것이니, 이를 생각만 해도 너무 너무 좋다.

이젠 온 국민을 교육의 문제와 짐으로부터 영구히 자유하게 하는 명품 한국교육 세상을 기대해도 된다.

본서가 그런 교육낙원으로 가는 길을 다 닦아놓고, 확실히 인도할 것이기 때문이다.

목차

제1장

교육지옥을 낙원으로 바꿔라

제2장

아주 쉬운 교육낙원 대한민국 만들기 대안

제3장

경쟁 OUT,
경쟁 스트레스 없는 교육세상 만들기

제4장

사교육 OUT,
사교육 없는 교육세상 만들기

제5장

교육비 짐 OUT,
교육비 걱정과 짐 없는 나라 만들기

제6장
대학입시지옥 OUT,
대학입시지옥과 대입 관련 문제가 전무한
교육세상 만들기

제7장
공부거리 짐 OUT,
학생들 공부거리 헛짐 없애주기

그날이 되면!
한국교육 가시밭길은 끝, 꽃향기 진동하는 찬란한
새 교육의 꽃길이 활짝 열린다.

사교육, 경쟁, 교육비 짐, 대학입시지옥, 공부거리 헛짐,
이 모두가 영구히 사라진다.
그렇게 되면 누가 뭐래도 우리 한국도 교육낙원이다.
그리하여 우리는 모두가 승자가 되어
즐겁고 행복한 교육세상에서 살게 되는 것이다.
드디어 교육낙원의 문이 열리니 기뻐하고 즐거워하라.

"우리 모두 교육낙원에 삽시다."

제1장

교육지옥을
낙원으로 바꿔라

언제까지 교육지옥인가?
이젠 교육낙원에서 행복하자

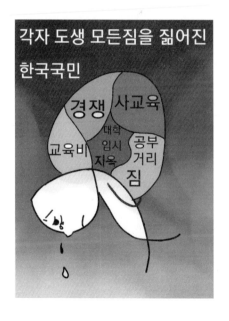

01
어느 날 나를 강타한
한국교육의 비극

본서를 쓰게 된 동기는 10년도 더 지난 오래 전 어느 날의, 충격적인 TV 뉴스에서 비롯되었다.

초교 4년 여학생이 성적이 떨어진 것을 비관, 고층 아파트에서 몸을 던진 사건이었는데, 이상하게도 그 뉴스를 접하는 순간 내 억장이 무너지는 것 같이 두 눈에서 주체할 수 없는 눈물이 쏟아졌다. 닦고 또 닦아도 그치질 않고 오히려 마음 속 깊은 곳에서 오열이 터져 한동안 엉엉 울었다. 그러면서 마치 그 소녀가 내 가족이라도 되는 것처럼 마음이 쓰라렸다.

한 작은 소녀가 열 살 남짓 그 어린 나이에 성적이 무어라고!

까마득 저 아래 아파트 마당을 내려다보면서 얼마나 두렵고 떨렸을까?

　그런데도 그 몸을 날리도록 떠민 것은 무엇이었을까?

　마치 내가 그 현장에 있었던 것처럼 오싹해지며, 이 일을 잊으려 하는데도 새록새록 소녀 생각이 떠올라, 딴 일에 관심을 돌리려 했지만 소용이 없었다.

　나는 그 일을 빨리 잊으려 했다.

　죽은 소녀가 가엾지만 어차피 자신의 길을 간 것이고, 살아있는 나는 내 할 일에 전념 하는 것이 각기 다른 삶을 사는 인간의 운명이라 여기고 더는 연연하지 않기로 했다.

　그래도 계속 마음이 쓰여 괴로운데, 갑자기 이런 생각이 불쑥 들어 깜짝 놀랐다.

　어린 나이에 세상을 등진 그 소녀는 우리 교육문제를 해결해 달라고, 다시는 나 같이 아픔을 겪는 친구가 없는 세상을 만들어 달라고, 죄 없는 어린 몸을 한국교육 제단에 불평 한마디 없이 바치고 떠난 가엾은 희생양이 아닐까? 하는 생각이 퍼뜩 드는 것이었다.

　그는 이 억압의 세상을 향해 아무 말도 하지 않고, 한

마디 불평이나 반항도 없는 순한 양처럼 스러져 갔지만, 이 소녀의 행위가 무위에 그친 것만이 아니라는 사실을 나 자신이 비로소 인식하게 된 것이다.

그렇다면 가만히 있으면 안 될 일이었다.

전태일 씨의 분신 이후 그를 열사라 부르며 노동자에 대한 인식과 처우를 개선하기 위해 국민들이 나섰던 것처럼, 이제 뜻있는 이들이 나서서, 연간 300명 이상의 청소년을 스러지게 하는 한국교육이란 놈이, 더는 못된 횡포를 부리지 못하도록 어떤 결정적 조치를 취하는 것이, 이 안타까운 비극을 목격한 이웃으로서 최소한의 도리가 아닐까?

그렇게 하는 게 비록 아무 당부 없이 저 세상으로 떠난, 소녀의 마음속 깊이 숨겼던 애절한 절규요, 소원이었을 것 같은 생각이 들었고, 내 마음 속에는 이 소녀처럼 불행한 비극의 주인공이 되는 청소년이 없는 행복한 교육세상을 만드는 데 내가 앞장을 서자고 비장한 각오로 굳게 결심하였다.

02
행복한 교육세상을 만들
대안을 찾아 나서다

한국교육을 바람직하게 바꾸는 대안을 찾기 위해 우선적으로, 우리 교육의 문제가 무엇인지부터 확실히 파악해야겠다 생각하고, 교육선진국(교육낙원) 교육과 우리 교육을 꼼꼼히 비교해 보기로 했다.

교육낙원과 교육지옥은 무엇이 다른가?

한국교육은 우리 국민들조차 너무 힘들고 어려워 '교육지옥! 운운하는데, 지구 저편에는 우리와 다르게 여러 나라가 부러워하는 '교육낙원'이란 행복한 나라가 건재하고 있으니, 도대체 뭐가 달라서 그런 건지? 궁금했다.

그럴만한 이유가 반드시 있으리라 생각하고, 그 차이부터 알아보자고 방법을 궁리했다.

우선 교육 관련 서적을 통해서 국내외 교육현황을 비교해 보고, 신문에서 세계교육의 최신 정보를 입수키로 하고, 여러 서적을 섭렵하면서 교육에 관한 안목이 서서히 열리기 시작했고, 각국의 교육도서(圖書)와 신문에서 우리 교육의 문제점과 그 해결에 필요한 적절한 해답을, 족집게로 집어내듯 명확히 지적해 주는 정보를 얻었을 때의 기분은, 기쁨을 넘어 황홀하기까지 했다.

금싸라기같이 소중한 지식과 정보가 쌓여갈수록, 교육낙원과 교육지옥이란 나라의 현저한 차이가 속속 드러났고 그렇게 하여 얻은 결과는 놀라웠다.

교육지옥과 낙원, 양진영으로 나뉜 세계교육을 비교분석하면서 극명하게 드러난 양자의 차이를 통해서 우리 교육문제가 무엇인지 알게 됐고, 그 뿐 아니라 감사하게도 우리 교육문제 전체를 일괄해서 영구적으로 완결할 최적의 대안을 찾아내게 된 것이다.

그 대안의 핵심내용은,

첫째, 우리가 갖고 있는 교육 문제를 이미 완벽하게 해결하여 더 이상 신경 쓸 것이 없는 교육낙원이라 불리는 교육선진국이 우리 교육의 정상화와 낙원화의 완벽한 롤 모델로 건재하고 있다.

둘째, 이들 교육선진국 벤치마킹이, 우리 교육문제를 가장 쉽고 확실하게 해결하는 첩경이다. 이들 나라에는 우리가 현재 고민 고통 하는 교육문제가 이미 다 말끔히 완결되어 아무 문제와 짐이 없다.

셋째, 한국이 갖고 있는 문제를 벌써 완전히 해결한 교육낙원을 롤 모델 삼아서 제대로 벤치마킹하면, 짝퉁 같은 복제효과가 나타나 우리교육문제도 저들과 같이 깨끗이 완결될 수가 있다.

이 세 가지 원리를 우리 교육문제 해결에 적용하므로, 우리 교육의 정상화와 낙원화의 꿈을 능히 실현할 수가 있다는 확신을 갖게 됐다.

교육선진국의 저들이 해냈다면 우리도 할 수 있지 않겠는가?

자신감이 생겼다.

03
웃는 교육낙원, 우는 지옥,
너무나 달라서 놀랐다

우리 한국과 교육선진국 교육을 비교해 보면서, 우리와 너무나 달라서 깜짝 놀란 것이 많다. 그중 몇 가지 실례(實例)를 소개하면,

이야기 하나, 공부거리 짐 없는 캐나다 고3

한국 고3과 비교해 볼 때 캐나다 고3의 생활은 우리 학생들과 너무도 다르다. 우리 고3은 얼마나 바쁘고 힘들게 사는가?

식사와 수면 시간까지 아까워하며 오로지 공부에만 올인 하는 우리 학생들 모습은 흡사 공부하는 기계처럼 보

여 안쓰럽다.

그런데 캐나다 고3은 이 어쩐 일인가?

방학이면 한국 고3은 더 바빠지는데, 캐나다 고3은 방학에 학교에 한 번도 가지 않고, 알바로 돈을 모아 여행도 가고 운동도 취미 생활도 마음껏 할 수 있고, 돈을 많이 모은 학생은 자동차도 산다니!

고3이 이정도로 여유만만하다면, 여타 학생들이 누리는 학교생활의 안락함이야 설명이 더 필요할까?

선생님들도 한가하기는 매한가지!

방학엔 모든 학교가 문을 닫고 학생이나 교사나 기간 내내 자유롭게 지낸다니, 우리로서는 도무지 상상도 못할 일이다.

아마 우리가 그랬다가는 온 나라가 난리지 않겠는가?

어쨌든 캐나다 학생들은 우리처럼 죽을 둥 살 둥 공부 않고, 충분히 쉬고 놀면서도 배울 것은 다 배운다. 그래도 자타가 공인하는 훌륭한 교육이 이루어지므로 자국민의 교육에 대한 자긍심도 대단하다.

이런 캐나다는 한국보다 인구가 적음에도(3,500만) 노벨상 수상자가 20명 이상 배출됐다.

신기한 것은 우리가 말하는 대학입시지옥 자체가 캐나다엔 없다는 것이고, 더욱 놀라운 건 '대학입시 관련 문제'가 전혀 없어서, 매스컴에서 이에 관한 보도를 찾아보기조차 어렵다는 사실이다.

수능이 범국민적인 거국적 행사가 되는 우리와는 너무도 다르게 대학진학이 한 학생의 일상에 불과한 캐나다의 이런 교육구조는, 해마다 수 십 년을 여러 수능관련 문제로 온 나라가 법석이는 우리한국 국민을 부끄럽게 하지 않는가!

이야기 둘, 사교육 없는 나라 독일

한국은 '사교육공화국'이라는 별명에 걸맞게 한때 학원 숫자가 전국 초, 중, 고교 총 숫자의 16배가 넘기도 했고, 2020년 발표된 지난해 사교육비 총액은 21조 원을 넘어 이를 감당하는 학부모들은 허리가 휘고, 학교 공부만도 버거운 학생들은 필수가 돼 가는 사교육에 공부의 짐이 무거워져, 힘들어 한다.

궁여지책으로 공교육정상화법(선행학습금지)까지 만들었으나, 백약이 무효하고, 저명한 교육학자들조차 사교육 근절은 불가능하다고 단정, 대다수 국민들도 이제는 어쩔 수 없는 필요악 정도로 간주하는 형편이다.

그런데 이게 웬일인가?

이 지구촌 한쪽에 사교육은 고사하고 어떤 형태의 선행학습도 존재하지 못하는, 희한하고 멋진 별천지 같은 나라가 엄존하고 있으니 말이다.

나는 사교육이 없는 나라! 경쟁과 사교육이 아예 불가능한 교육구조를 가진 나라 독일을 처음 알게 되었을 때 경악과 경탄을 금치 못했다.

이야기 셋, 교육비 걱정과 짐 없는 핀란드

우리나라 교육비 문제는 심각하다.

'없는 가정 교육비는 피할 수 없는 형벌'이라는 말이 있을 정도다.

엄청난 교육비 부담은 저 출산이라는 사회문제를 야기, 인구절벽을 만든 주범중 하나다. 우리 대학생의 대학등록금 빚이 12조가 넘었고 미국은 1,450조나 된다. (2015. 7. 30. 경향신문)

대학 졸업 전에 빚쟁이가 되고, 사회 초년생이 되면서부터 신용불량자가 되는 청년도 적지 않다.

대학생들이 땡볕 아스팔트 위에서 3보 1배로 땀범벅이 되어 반값등록금을 호소했지만, 서울시가 시립대 한 곳을 겨우 지원 했을 뿐, 아직도 이 작은 문제조차 속수무책이다.

그런데 이게 웬일인가?

등록금 걱정은 물론 요람에서 무덤까지 온 국민이 교육비 걱정이 일체 없고, 누구나 교육비 짐이 없어 맘 편히 그저 공부만 하면 되는 나라가 이 지구촌에 건재하고 있으니 말이다.

발상의 전환만으로 한국도 모든 국민이 평생 100% 무상교육의 혜택을 누릴 수 있다는 이 놀라운 사실을 우리 국민이 확실히 알게 되면, 모두 쾌재를 부를 것이다.

우리가 핀란드를 롤 모델로 삼아 제대로 벤치마킹하여, 각자도생의 교육비 지출방식을 바꾸어, 100% 무상교육이 가능한 핀란드와 같은 조세구조를 한 번만 구축한다면, 우리도 발상의 전환만으로 불원간 저들과 같이 행복한 무상교육을 영원히 시행하는 멋진 나라가 당장 될 수 있다.

이것은 정말 엄청나게 놀라운 사실이 아닌가?

그리고 이런 사실은 우리에게 너무나 고무적이지 않는가?

교육의 짐을 해결한 교육낙원 대한민국 국민

04
한국교육정상화와 천국화 가능성을
발견, 가슴이 두근댄다

　한국 학부모와 알바를 하는 학생들의 학자금 마련을
위한 마음고생과 몸 고생은 보통이 아니다.

　이런 형편에서 유치원부터 대학졸업, 박사학위를 받을
때까지 학비 걱정이 전혀 없는 나라, "100% 무상교육 가
능 조세구조"를 갖고 있는 핀란드를 우리 국민이 부러워
하는 것은 너무나 당연하다.

　필자는 핀란드 교육과 복지에 대해 알게 되면서 가슴
이 마구 설레었다.

　왜냐하면 우리 한국도 각자도생의 방식을 버리고, 핀
란드처럼 무상교육이 가능한 조세구조를 딱 한 번만 만
들면 지금의 경제력만으로도, 충분히 100% 무상교육이
가능한 보편복지국가를 만들 수 있다는 사실을 깨닫고

이를 확인했기 때문이다.

이미 세계 11대 경제 대국이 되어 국민소득 3만 불 시대를 사는 우리는, 이제 발상의 전환을 통해서, 모든 국민이 영구히 교육비를 걱정할 필요가 없고, 평생 교육비의 짐이 없는 나라를 만들 수 있다는 사실을 증명해 주는 롤 모델, 핀란드가 건재 한다는 사실은 우리에게 정말 고무적인 현상이 아닐 수 없다. 이 일은 만시지탄의 감이 있다.

교육 천국화의 실제대안을 다룰 때 언급하겠지만, 우리 한국의 "100% 무상교육" 꿈의 실현은 이제 결코 백일몽이 아니다.

온 국민이 교육비 짐 없는 나라가 만들어져, 누구나 맘 놓고 원하는 공부를 할 수가 있게 되면, 개천에서 용 나는 정도가 아니라 삼천리 방방곡곡에서 모든 학습자들이, 한사람의 낙오자도 없이 모두가 프로가 되어, 맞춤형 날개를 단 푸른 용처럼, 이들이 온 세상을 뒤덮고 세계로 비상하는, 대한민국 역사 이래 최대의 용비기(龍飛期)가 펼쳐져서, 우리 국민들이 세계를 주름잡는 영원히 행복한 나라가 될 것을 생각하면, 가슴이 두근두근 설렌다.

국민 누구나 교육비 걱정과 짐 없이 원하는 공부를 마음껏 할 수 있는, 그런 나라를 생각만 해도 마음이 뿌듯한데, 실제로 그런 나라가 되면 우리 모두 하하호호 파안대소 쾌재를 부르지 않겠는가? 온 국민이 열광할 "더 이상 좋을 수 없는 교육세상"이 우리 코앞에 다가와 있다.

05
교육에 우는 지옥, 웃는 천국,
차이는 5대 문제뿐

 교육천국이란 나라와 그렇지 못한 나라를 비교 연구하
면서, 발견한 놀라운 사실은 '교육천국은 교육지옥이 갖
고 있는 고질적 문제가 이미 다 해결 되어서 더 이상 신
경 쓸 것이 없다'는 것이었다.

 이것은 정말 대단한 발견이다.
 왜냐면? 복잡하게 얽히고설킨 실타래 같아서 어디서
부터 손을 대야 할지 모르는 우리교육의 문제를, 한꺼번
에 풀어내는 확실한 실마리가 될 것이기 때문이다.

 그렇다면 교육지옥을 말하면서도 이를 해결 못하는 우
리 교육의 난제들도, 이미 이 모든 문제를 말끔히 해결한

교육천국을 벤치마킹함으로써 능히 완결 될 수 있음이 입증된 것 아닌가?

우리도 교육천국과 같이 하면, 우리가 짊어지고 걱정 고생하는 모든 문제를 일거에 해결할 수 있게 될 것이니, 이 얼마나 기쁜 일인가?

이런 깨달음을 얻은 기쁨은, 캄캄한 바다에서 앞을 환히 비춰주는 등대의 불빛을 만난 것과 같이, 감격스러운 것이었다.

교육에 우는 지옥과 웃는 낙원의 차이는 5대 교육문제의 유무(有無)뿐이었다.

경쟁
사교육
교육비 걱정과 짐
대학입시지옥
공부거리 무거운 짐

이 5대 문제 안에 우리 교육의 여러 잡다한 문제가 모두 다 포함되어 있었다.

따라서 이 다섯 문제를 온전히 해결하면 우리 한국도, 교육선진국과 동일하게 자유롭고 순리적이며 바람직한 교육이 시행되는 '행복한 교육세상'이 이루어질 것이 분명하다.

이 5대 문제가 해결된 우리 한국은 어떤 모습으로 바뀔까? 생각만 해도 기분이 좋지 않은가?

경쟁 없는 교육세상이 되면

캐나다, 핀란드, 독일처럼 경쟁이 없어지면, 학생들의 성적 스트레스가 없게 될 것이고, 경쟁 강화를 위한 잦은 시험도 줄어들어 시험지옥이 없어지고, 무엇보다도 큰 성과는 우리를 엄청 힘들게 하는 사교육이 존재할 수 없게 되어 공부거리 짐도 파격적으로 가볍게 된다.

무경쟁 상생교육을 시행하는 나라들처럼 우리 학생들

의 행복지수가 급상승 할 것이고, 전국의 학생들이 경쟁자가 되므로 견제대상이었던 반 친구들이, 평생 잊지 못할 좋은 친구요 함께 행복을 가꾸어가는 절친한 인생의 동반자들로 바뀔 것이다.

사교육이 없는 교육세상이 되면

독일처럼 사교육이 없는 세상이 되면 학생들의 공부거리 짐이 확 줄어든다.

학원시대가 막을 내리고 사교육비부담이 없어짐은 물론 천문학적 사교육비 지출이 없어져, 연간 21조 이상이 가계(家計) 수입으로 전환되므로 가정경제에 꽃이 피게 된다.

일체의 선행학습도 필요 없어져 놀 때 놀면서도 학교 공부만 충실히 하면 되므로, 잠자는 교실도 자연히 없어진다.

학원공부에 뺏긴 자유와 많은 여유시간을 되찾은 모

든 학생들은 심신이 건강해지고, 시간이 많아진 학생들은 하고 싶은 다양한 일을 몸소 해보며, 진로선택을 위한 자유학습을 한 학기만이 아니라 모든 교육기간 내내(초, 중, 고교) 마음껏 활동하면서 자신만이 보유하고 있는 천부적 재능을 찾아 맞춤형으로 극대화 할 수 있는 즐거운 학창시절이 가능해진다. (캐나다 고3의 여유)

100% 무상교육으로 교육비의 짐이 없어지면

핀란드처럼 온 국민이 영구히 교육비 짐에서 해방된다. 그 결과 저출산 현상이 해소돼 출산율이 상승하고 인구 절벽이 저절로 사라진다.

평생 교육비 걱정 없는 조세구조 구축으로, 다른 분야 복지 시행도 가능할 만큼 국가 재정이 튼튼해져서 국민 생활의 전반을 아우르는 보편복지까지 가능해지는 놀라운 결과가 나타난다.

한국 학생 학자금 빚이 12조 원을 넘었는데(2015. 7. 30. 경향신문), 이를 다 탕감할 수 있게 되고, 대학생 반값등록금 문제 같은 것은 조족지혈이 된다.

핀란드 조세 구조를 벤치마킹하여, 한 번만 100% 무상교육이 가능한 조세구조를 구축하면, 우리 한국도 영원히 온 국민이 교육비에 신경을 쓸 필요가 없는, 핀란드에 못지않은 행복한 교육낙원이 가능해지는 것이다. 생각만 해도 한국 교육의 미래가 황홀해지지 않는가?

대학입시지옥이 없는 나라를 만들면

우리 교육의 모든 문제를 야기하여 교육지옥을 만드는 가장 큰 주범인 대학입시 문제를, 본서에 제시된 대안대로 완결하여, 대학입시 없이 대학에 가는 교육구조를 딱 한 번만 만들면, 여타의 교육관련 문제가 도미노처럼 줄지어 해결될 것이다.

이렇게 하는 것은 경쟁, 사교육, 공부거리 짐을 없애는 데도 크게 이바지 할 것이고 대학입시 관련, 많은 문제를 한꺼번에 일소(一掃)하는 결과를 낳을 것이므로, 정권이 바뀔 때마다 바뀌고 시도 때도 없이 바뀌는 조령모개 교육 정책의 피해를 예방하게 될 것이니, 대학입시 자체를 없애는 것이야말로 대입관련 모든 문제를 단번에 해소하는 통쾌하고 완벽한 영구적 해결책이 된다.

캐나다를 벤치마킹하여 수능 없는 대학진학 구조를 만드는 것 하나로 인해서, 수능 모의고사, 대입시를 위한 컨설팅, 대입전략 설명회, 수능을 위한 학부모의 기도회와 법회, 대학선택눈치작전, 정시수시논란, 내신비리문제, 수능일의 야단법석 등 모든 어처구니없는 일들이 일시에 물거품처럼 사라지고, 이런 문제들이 다시는 발생하지 않게 될 것이니 이는 얼마나 바람직한 일인가?

우리 대한민국이 이런 나라가 될 것을 생각하면, 우리 국민들은 춤을 덩실덩실 추고 싶지 않겠는가?

교육선진국 몇 나라를 벤치마킹 하여 이런 교육구조를 한 번만 일괄해서 만들면, 여기 거론된 모든 교육문제가 말끔히 완결되어 영구히 신경 쓸 필요가 없는 '더 이상 좋을 수 없는 교육세상, 교육낙원'이 되는 것이다.

그렇게 되면 학생들의 무거운 공부거리 짐도 획기적으로 가벼워질 수밖에 없다.

06
한국을 교육낙원으로 바꿀
3대 원리

우리 교육 문제를 이미 완결한 롤 모델 교육낙원을 찾는다.

최적의 롤 모델 교육천국을 제대로 벤치마킹 한다.

제대로 된 벤치마킹의 완벽한 복제 효과로 한국도 교육낙원이 될 수밖에 없다.

이 3대 원리를 우리 교육에 제대로 적용하면 한국 교육은 최단 시일에 정상화 천국화가 될 수밖에 없음은 부인할 수없는 기정사실이다.

교육낙원이라 불리는 나라는 그럴만한 이유를 가지고 있고, 교육지옥이란 나라도 그 나름대로 그렇게 될 수밖에 없는 이유를 갖고 있었다.

이미 우리가 갖고 있는 교육문제를 깨끗이 해결한 교육낙원이란 국민들이, 우리 교육문제의 해답이 될 성공사례와 정보를 적나라하게 보여주며, 마치 이렇게 말하는 것 같다. "우리처럼 해 보시오. 그러면 한국도 금방 우리처럼 될 것이요."라고.

정말 우리 한국이 저들을 벤치마킹해서 5대 교육문제가 완결되면, 우리 국민들 모두 흡족해 하는 교육낙원이 되는 것은 너무도 당연하지 않은가?

말 가는 곳에 소도 간다.
교육낙원이라는 선진국도 처음에는 우리처럼 문제가 많았을 것이다.
그러므로 이젠 망설일 것이 없다. 즉시 이들을 롤 모델로 삼아 제대로 벤치마킹하면 그 복제효과로 '더 이상 좋을 수 없는 교육세상'이 될 것이다.

우리가 이렇게 하여 교육낙원을 만드는 것이 가능한데도 이를 간과하거나 도외시하고, 계속해서 교육지옥이라는 현재의 구태의연한 교육정책과 교육구조를 고수한다면, 이는 우리 교육당국이 벌이는 매우 어리석고 교만한 쇄국이 아닐 수 없다.

다른 분야 즉 조선, 반도체, 자동차 등은 벤치마킹을 통해서, 불모지에서 출발해서 세계제일의 산업으로 성장 발전했는데, 유독 교육 분야에서만 벤치마킹의 지혜와 위력을 외면하고, 이렇게 지지부진을 면치 못하는 것은 얼마나 안타까운 일인가!

07
벤허 감독, 테렌스 영처럼
엉엉 울어 볼 날이!

세계를 감동의 도가니로 몰아넣은 명화 중의 명화 '벤허'를 만든 테렌스 영 감독은 시사회에서 자신이 만든 벤허를 보면서, "오, 하나님. 이게 제가 만든 영화입니까?" 하면서 너무도 감정이 북받쳐 울음을 참지 못하고 엉엉 울었다는데.

나는 본서를 쓰면서 테렌스 영처럼, 교육지옥을 벗어나 누가 보아도 완벽한 교육낙원이 된 대한민국을 보면서, 그같이 감격하여 울어 볼 날이 속히 임하기를 소원해 왔다.

"오 하나님! 저의 저서를 통해서 교육지옥이 완전히 사라지고, 교육의 문제가 완결된 교육천국이, 드디어 이루어졌음을 생전에 보게 하시니 감사합니다."

"모든 교육의 짐이 사라져서, 이렇게 온 국민이 기뻐하고 즐거워하며 하하호호 희희낙락 파안대소하는, 새로운 대한민국을 열어 주셨으니 참으로 고맙습니다."

감격하여 방성대곡 소리쳐 엉엉 울어보고 싶다.

부디 본서가 한국의 교육지옥을 폭파하는 다이너마이트의 도화선에 옮겨 붙은 불꽃이 되기를!

본서에 제시한 대안이 다윗이 골리앗을 향해 던진 돌처럼 날아가서, '한국교육괴물 골리앗'의 급소를 일격에 강타하는 해결사의 돌이 되기를!

이제는 그날이 다가오고 있다. 교육지옥에서 우는 우리 국민을, 교육낙원에서 '하하호호' 웃게 하는 사명을 온전히 이루게 될 그날, 그래서 '벤허' 감독 '테렌스 영'처럼 목 놓아 울어볼 그날이 바로 우리 국민들의 코앞으로 다가오고 있는 것이다.

이제 어떻게 교육지옥을 통쾌하게 부수고, 국민 모두를 행복하게 하는 새로운 교육낙원을 멋지게 건설할 것인지 그 가슴 뛰는 대안에 대해 상세히 알아보자.

제2장

아주 쉬운 교육낙원
대한민국 만들기 대안

캐나다, 핀란드, 독일 교육 벤치마킹,
장점 융합하면 한국도 교육낙원이 된다

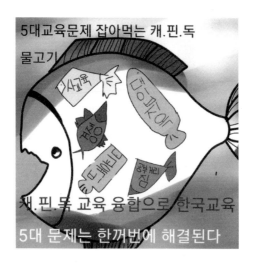

01
교육천국은
이미 오래전부터 건재했다

복잡다단한 우리 교육난제를 가장 쉽게 확실히 해결하는 최선책은, 우리가 갖고 있는 모든 교육문제를 이미 말끔히 해결한 나라를 롤 모델 삼아, 제대로 벤치마킹 하는 것이다.

그렇지 않고는 우리 한국교육의 문제를 총체적으로 해결할 방도가 없다.

어떤 문제해결에 있어서 그 문제를 이미 해결한 롤 모델을 벤치마킹할 수 있다면, 그 문제는 이미 완결된 거나 다름없다.

그런데 우리 교육문제해결에 필요한 훌륭한 롤 모델이 될 나라가 이 지구촌에 이미 건재하고 있으니 이는 참으로 감사한 일이다.

각국 교육을 비교하면서 교육천국이란 선진국들이 우리가 당면한 교육문제해결에 완벽한 롤 모델로써 조금도 부족함이 없음을 확인할 수 있었다.

  이런 나라들 중에서 본서에서는 캐나다, 핀란드, 독일, 3국을 특선하여 벤치마킹하는 것으로, 우리 교육 문제의 확실한 해법이 될 대안을 제시한다. (앞으로 3국은 캐, 핀, 독으로 줄여서 쓴다)

  우리 국민들이 이 3국 교육에 대해 알면 알수록 이 나라들이, 얼마나 행복한 교육을 시행하는지 놀라게 되고, 우리도 저들처럼 하면 능히 국민 모두가 흡족해 하는 교육을 시행할 수 있겠구나, 깨닫게 되어 그 가능성을 확인케 되면, 독자들 모두가 우리교육의 정상화와 낙원화 가능성에 대한 확신으로, 솟구치는 큰 기쁨을 금할 수 없을 것이다.

  특별히 대통령과 교육부장관이 이 책을 읽고 본서가 한국교육의 문제를 일거에 해결하는 대안으로, 교육지옥을 교육낙원으로 가장 쉽고 빠르고 확실하게 바꿀 수 있는 가능성이 담겨 있는 것을 볼 수만 있다면, 소경이 소경을 인도하는 한국교육부의 불행을 일시에 해소하는 교육부장관이 되고, 대통령은 이 대안을 활용하여 한국교육을 '더 이상 좋을 수 없는 교육세상(세상이 말하는 교육낙원)'으로 만듦으로 한국교육 역사를 바꾼 위대한 교육대통령이 될 수 있을 것이다.

필자의 소원은 부디 대통령과 교육부 장관과 교육당국이 눈을 밝히 떠서, 한국교육정상화와 천국화의 가능성을 확신하고, 이 일에 진력진하여 최단 시일에 교육낙원을 만드는 것이다.

02
캐, 핀, 독, 롤 모델 벤치마킹으로 교육지옥 사라지고 교육낙원이 가능하다

이 3국은 우리 교육을 정상화. 낙원화 하는데 최적의 롤 모델로 거의 완벽하다. 우리가 이 3국을 제대로 벤치 마킹, 그 장점을 융합한다면 우리한국이 갖고 있는 교육 문제는 한꺼번에 영구히 해결될 수가 있다.

이들 나라는 우리가 5대 교육문제를 완결하는 데 있어 꼭 필요한 대안을 각기 보유하고 있어서, 그 장점을 융합 할 경우 가장 이상적인 교육세상으로 바뀔 것이다.

그러면 이 3국은 각기 우리에게 어떤 유익한 대안을 제시해 주는가?

캐나다는 우리 청소년의 공부거리를 줄여주는 방법과,

경쟁과 대학입시 지옥을 없애는 최적의 방안으로 '무시험 대학진학을 가능하게 하는 방법'을 제시한다.

핀란드는 우리의 교육경쟁과 교육비 걱정과 짐을 영구히 없애는 데 필요한 완벽한 지혜로, '100% 무상교육을 가능케 하는 비법'을 보여 준다.

독일은 우리가 골머리를 앓고 있는 사교육 근절에, 최고의 롤 모델이 될 뿐만 아니라 어떤 형태의 선행학습도 일절 발붙일 수 없어서, 학교공부만 충실히 하면 모든 학생이 자신의 꿈을 이루고 원하는 직업을 가질 수 있는 이상적인 교육구조를 구축한 나라로써 '사교육 영구근절 비법'을 알려 준다.

독일은 학교에 자녀를 안심하고 온전히 맡기도록, 사교육은 물론 어떤 형태의 선행학습도 일체 불용하므로, 학부모가 자녀의 공부에 간여하거나 신경을 쓸 필요가 없고, 자녀교육에 노심초사 하며 자녀들의 공부에 얽혀들어 함께 고생하는 헛수고조차 완전히 방지해 주므로 심신이 편안하게 해준다.

이렇게 3국이 가진 이상적인 교육정책과 교육구조를 우리가 벤치마킹하여 그 장점을 융합한 교육세상을 만들면, 현재 우리가 갖고 있는 교육문제가 일괄적으로 영구히 완결되어 이상적인 교육세상이 될 수 있으니, 이 얼마나 기쁜 일인가?

그러므로 캐, 핀, 독, 3국 롤 모델 벤치마킹으로 한국교육의 정상화와 낙원화는 충분히 가능하다.

03
3국을 벤치마킹, 장점 융합하면
이상적인 교육낙원이 된다

캐, 핀, 독, 모두 제각기 다른, 교육 롤 모델로서의 독특하고 뛰어난 면모와 기능을 갖고 있다.

열매를 보면 그 나무의 됨됨이를 잘 알 수가 있다.

캐, 핀, 독, 3국의 교육에 대해서 알면 알수록 부럽고 경외심이 커진다.

우리가 이 3국 교육을 꼼꼼히 벤치마킹하므로 그 장점을 취하여, 우리의 형편에 맞게 융합, 토착화 시킬 경우, 우리 한국은 반드시 온 국민이 기꺼이 OK! 할 수 있는 멋진 교육세상으로 바뀌어 질 수밖에 없다.

경쟁이 없으므로 모든 학생들에게 성적스트레스가 없

음은 물론이요, 사교육과 선행학습이 불가능하고 불필요한 교육이 이루어져, 공부에 얽매이지 않고, 여유 있게 놀고 쉬면서도 학교 공부만으로 배워야할 모든 것은 실속 있게 다 배우는, '학습자 위주 맞춤형 실용교육'으로 공부거리 짐이 없는 행복한 학창시절을 보낼 수 있다.

사교육비는 물론, 일체 교육비 부담이 없이 모든 국민이 맘껏 배울 수 있는, 100% 무상교육 시행으로 학력 양극화현상이 사라지고, 저 출산으로 인한 인구절벽도 해소될 것이다.

우리 한국도 각자도생 교육비지출 방식을 버리고, 핀란드와 같이 국민 각자의 재산과 수입에 따라 6등급의 차등 납세를 시행하므로, 100% 무상교육을 가능케 하는 핀란드의 조세구조를 벤치마킹 하여 한 번만 구축하면, 우리 국민 전체가 영구히 교육비 걱정과 짐이 없는 무상교육의 행복을 자자손손 만끽할 수가 있게 된다.

수능 없이 무시험으로 대학에 진학하는 캐나다식 교육

구조가 우리 한국에도 딱 한 번만 구축되면 대학입시지옥이 단박에 사라지고, 대학진학관련 기사를 매스컴에서 찾아보기조차 힘든 교육세상이 이루어질 것이고, 수십 가지 교육관련 문제들이 일제히 봄 눈 녹듯 사라져 영원히 자취를 감출 것이다.

이는 가히 대한민국 교육의 대변혁이며, 한국교육역사를 새롭게 고쳐 쓰는 쾌거를 이루게 될 것이니, 이것이야말로 우리 국민들이 갈급한 심정으로 고대해 왔던, 정말 이상적인 교육세상을 만드는 막중대사로, 그 결과로 나타난 바람직한 교육이야말로 우리 대한민국을 위대한 교육선진국 교육낙원의 반열에 오르게 할 것이다.

04
벤치마킹의 힘은 위대하고
그 범주는 엄청 광범위하다

모든 교육에 있어 모방은 중요한 방편이 된다.

나보다 잘하는 사람 더 나은 사람을 롤 모델로 벤치마킹 하는 것은 아주 지혜로운 고전적 학습방식으로, 벤치마킹의 힘은 참으로 위대하고 대단히 광범위 하다.

"모방은 창조의 어머니"라는 말과 같이, 이 위력을 잘 활용하게 되면 개인적으로도 많은 유익이 있고, 어떤 단체나 국가의 혁신과 진보에도 막대한 영향을 미친다.

특히 어려운 문제의 해결에는 그 문제를 먼저 훌륭히 해결한 롤 모델을 찾아서 벤치마킹하는 것이 결정적인 최상의 해법이 될 수 있다.

벤치마킹의 위력은 훌륭한 롤 모델을 찾아서 제대로

벤치마킹할 경우, 그 노력에 따라서 롤 모델이 가진 지식이나 정보를 흡수하게 되고, 그 성공사례를 답습하므로 롤 모델과 같은 상태의 복제를 가능하게 한다.

그래서 "서당 개 3년에 풍월, 식당 개 3년이면 라면"이라는 우스개가 생겨나지 않았겠는가?

벤치마킹의 위력을 잘 활용하는 개인이나 국가는 크게 발전하고, 많은 유익을 얻고 막강한 위력을 발휘한다.

우리 한국의 경우 반도체, 조선, 자동차, 건축술 등의 발전에 이 벤치마킹의 지혜가 얼마나 놀라운 역사를 만들었는지는 이미 명백히 입증되었다.

벤치마킹의 단계를 넘어 더욱 정진한 결과는 청출어람, 오늘날과 같은 눈부신 산업 발전을 가져와 세계에 우뚝 선 대한민국을 만들지 않았는가?

그렇다면 우리는 국민을 행복하게 하는 바람직한 교육 세상을 만드는데도 이 벤치마킹의 지혜와 힘을 십분 활용하는 것이 마땅하다.

벤치마킹은 그 영향력의 범주 또한 광범위하다.

일개인에서부터 가정과 단체 나아가 한 국가에까지 다대한 영향을 미친다.

그러므로 우리 교육문제 해결에 있어 벤치마킹의 위력을 간과하면 안 된다.

우리 교육당국이 일찍부터 교육천국을 벤치마킹 하는 일에 관심을 갖고, 이에 진력 진 했다면 우리 한국도 벌써 오래전에 교육천국의 반열에 오를 수 있었을 것이다.

교육선진국들이 교육천국을 만들었다면, 우리도 능히 할 수 있다.

우리 국민은 충분이 이 일을 멋지게 해낼 수 있는 잠재능력을 보유하고 있다.

말 가는 곳에 소도 간다는 말대로, 우리는 출발이 조금 늦은 것뿐이다.

05
제대로 된 벤치마킹의 복제효과는
불변의 과학

    제대로 된 벤치마킹은 공교하게 만들어진 명품을 방불케 하는 짝퉁과 같이, 분간하기 힘들 정도로 닮은 복제품을 만들어 내는 결과를 낳는다.

    그러므로 우리는 이 벤치마킹의 위대한 힘과 지혜를 우리 교육문제 해결에 적극 활용, 그 효과를 극대화해야 할 필요가 있다.

    따져보면 교육천국 벤치마킹은 크게 어려운 일이 아니다.

    산업기술 벤치마킹은 보호 장벽이 많아 어려움이 크지만, 교육천국 벤치마킹에는 장벽도 규제도 없고 이미 모든 정보는 다 투명하게 공개되어 있기 때문이다.

그러므로 이제는 우리의 필요에 따라서, 우리가 갖고 있는 모든 문제를 이미 완결하여 행복한 교육을 시행하고 있는 저 훌륭한 롤 모델들을 꼼꼼히 벤치마킹 하는 것으로, 큰 어려움 없이 교육낙원을 방불케 하는 대한민국을 복제해낼 수 있음을 결코 망각하지 말자.

벤치마킹에 천부적 재능을 보유한 우리 선진들이 여러 산업발전을 위해 맨땅에 헤딩하듯이 벤치마킹의 위력을 확신하고 지혜롭게 활용하여, 온갖 어려움을 무릅쓰고 도전해서 세계적인 산업이 되게 한 것처럼.

우리가 캐, 핀, 독, 3국을 벤치마킹하는 일에 진력 진한다면, 우리는 2~3년이면 저들의 교육을 따라잡고, 청출어람 세계 제일의 교육낙원을 만드는 일도 충분히 가능하리라 자신 한다.

이 일이야 말로 우리 한국 교육을 정상화 하여 '더 이상 좋을 수 없는 교육세상'을 만드는 '한국 교육의 역사'를 바꾸어 쓰는 우리 민족의 위업이 될 것이다.

06
교육문제는 일괄해결이 쉽고,
개별 해결은 불가능하다
(이를 이해해야 비로소 교육문제가 풀린다)

교육문제 해결에 있어서 꼭 이해하고 명심해야 할 사안이 있다.

그것은 우리 교육문제가 단순하게 개별적으로 나뉘어 존재하지 않고, 한 덩어리가 되어 여러 문제가 톱니바퀴처럼 통째로 맞물려 있다는 사실이다.

그러므로 우리 교육문제는 하나씩 따로 떼어서 해결하는 것이 불가능한, 떼라야 뗄 수 없는 한통구조로 되어있다는 사실을 결코 간과하면 안 된다.

이것은 사소한 문제 같지만, 한국교육문제를 근본적이고 총체적으로 해결하는데 결코 잊어서는 안 될 명심 사안으로, 우리 교육문제가 해결되지 않는 가장 큰 이유가 여기 있기 때문이다.

실례로 사교육 문제만 해도 그렇다.

이를 줄이고 없애보려고 역대 정권(政權)마다 많은 애를 쓰고 별별 방법을 다 동원하고 필경은 '선행학습금지법'까지 만들었지만, 근절은커녕 학생 수가 많이 줄었는데도 사교육비는 오히려 더 늘어나 기승을 부리는데, 이런 결과는 너무도 당연하다.

왜 그런가?

사교육이 발생하고 기승을 부리는 원인은, 경쟁교육 구조와 서열화 된 대학입시 때문인데, 이 원인을 없앨 생각은 하지 않고 결과로 나타난 사교육만 잡으려하니까, 사교육은 결코 근절 될 수가 없다.

사교육은 독자적으로 자생하는 게 아니라, 경쟁교육이 강화 되면 필연적으로 발생하게 되어 있고, 거기다 어떤 대학에 가는가에 따라 인생의 등급이 달라지는, 사회구조 속에서는 성적경쟁은 반드시 극대화 되고, 이 치열한 전쟁마당에서 남보다 일보라도 앞서나가려 할 때 필수 무기가 되는 사교육은 당연히 확대 된다.

이런 상황에서 사교육 하나만을 따로 떼어 근절한다는 것은 어불성설이 될 수밖에 없다.

그러므로 경쟁교육 기저를 유지 강화하면서, 대학입시를 어렵고 복잡하게 만들어 수능 점수 1, 2점으로 대입의 당락이 결정되는 상황은 도외시하고 사교육만을 없애려 한다면, 이는 마치 불을 끄겠다면서 물 대신 계속 휘발유를 뿌리는 것과 같다.

경쟁교육구조는 당연히 사교육을 필요로 하고, 대학입시 경쟁에서 승자가 되기 위해서는 시험을 잘 치르는 기술도 필요하다. 그래서 이를 잘 가르쳐주는 사설학원이, 학교보다 더 학부모와 학생이 신뢰하는 교육기관으로 전도(顚倒) 되는 것이다.

그렇다면 우리 교육당국이 사교육 근절 의지가 있을진대, 결과로 나타난 사교육만을 줄이거나 막아보려고 애쓸 게 아니라, 먼저 사교육 발생 원인자인 경쟁교육구조와, 100점 만점 학력평가를 독일처럼 6점제 학습평가로 바꾸고, 경쟁 극대화의 주범인 대학입시를 함께 없애는 방도를 찾는 게 바른 순서요 최선의 해법일 것이다.

그런데 우리 당국은 원인은 그냥 둔 채, 오히려 경쟁을 강화하고 대학입시를 복잡하게 만들어서, 지속적으로 사교육 숯불에 기름을 붓는 행태를 취해 왔고 지금도 여전히 수 십 년을 그러고 있다.

그러니 지금과 같은 구태의연한 대처방안으로는 사교육을 결코 잡을 수 없다.

애당초 모든 교육문제는 분리해서 해결하는 것이 불가능한 구조였다.

그렇다면 해법은 무엇인가? 자명해진다.

톱니바퀴처럼 맞물려 있는 통자 교육문제를 따로 따로 없애려말고, 사교육의 원인이 되는 경쟁교육구조와 이를 극대화시키는 대학입시를 일괄 해결하는 것이다.

이것이 얼핏 보기에는 매우 어려워 보이지만, 사실을

꼼꼼히 관찰하면 오히려 너무 쉬울 뿐만 아니라, 이야 말로 문제를 한꺼번에 영구 해결하는 대안으로, 돈도 들지 않고 오히려 엄청 절약 되면서도 가장 빠르고 확실하게 사교육 없는 교육세상을 만드는 최선의 대안이 될 것이다.

이를 상세하고 일목요연하게 제시하는 게 본서의 사명이다.

그리고 이 세 가지 문제(경쟁교육, 사교육, 대학입시지옥)를 한꺼번에 통쾌하게 해결하는 가장 쉽고 빠르고 확실한 방안이 바로 본서가 소개하는 캐, 핀, 독, 3국 교육을 동시에 벤치마킹 하여 그 장점을 융합하는 것이다.

이로써 경쟁교육문제와 대학입시와 그 관련문제와 사교육근절까지 말끔히 해결하여, 온 국민이 더는 신경 쓸 필요가 없는 행복한 교육세상이 탄생되게 된다.

이 중대하고 위대한 일은 해결 순서만 제대로 정해지면 일사천리로 진행되어 최단 시일에 완결될 수 있다.

그러면 한국교육의 5대 문제를 근본적이고 총체적으로

해결하는 일은 어떤 순서를 밟아야 효과적일까?

첫째, 우리의 현행 경쟁 교육구조를 바꾸어, 경쟁스트
레스가 없는 교육이 이루어지도록 캐, 핀, 독 교육을 벤
치마킹 하여 저들과 같이 무경쟁교육을 시행하기로, 교
육당국이 결단하고 국민이 공감하도록 계도해야 한다.

둘째, 사교육 근절 방안으로는 독일의 사교육을 불가
능하게 하는 '6점 학습평가제'와, 어떤 선행학습도 발붙
이지 못하게 하는 '월반제'를 벤치마킹하여, 사교육 근절
은 물론 일체 선행학습도 필요 없는 교육구조를 구축하
므로, 사교육문제와 선행학습문제에 대해서 더 이상 신
경 쓸 일이 없도록 완벽하게 영구히 종결(終結)해야 한다.

셋째, 우리 국민 전체가 평생 교육비 걱정과 짐이 없는
나라를 만들기 위해서는 반드시, '100% 무상교육' 시행
을 가능케 하는 핀란드의 조세구조를 벤치마킹하기로 정
부와 정치권이 합의해야 한다.

우리도 각자도생 교육비지출 방식을 버리고, 핀란드식

조세구조 구축으로 100% 무상교육이 가능하다는 사실을 계도하여 국민이 공감하여 동참하게 만 되면, 우리 한국도 현재의 경제력으로 충분히 100% 무상교육을 시행 할 수가 있다.

넷째, 우리 국민 스스로 '대학입시지옥'이라고 말할 만큼, 국민을 힘들게 하고 넌더리나게 하는 대입시험문제와 그와 관련된 제반 문제를 일거에 해결할 수 있는 방법은 오직 하나다.

그것은 대학입시 자체를 없애버린 캐나다의 훌륭한 대학진학 교육구조를 제대로 벤치마킹하여 복제하는 것이다.

우리 한국 교육문제 거반은 대학입시에서 야기된다.

이로 인한 문제들은 그 수를 열거하기도 힘들고, 설명도 어렵다.

이 고질적인 문제의 해법에 대해서 많은 학자들과 국민들이 가타부타 열을 올리지만, 국민 모두가 OK 할 수 있는 공통분모가 될 수 있는 뾰족한 대안이 없어서, 우리 국민을 계속 힘들게 한다.

그러나 현실을 똑바로 보면 그 가장 바람직하고 영구적인 해결책은 이미 오래전에 나와 있었다.

그 명쾌한 해답은 두말 할 것 없이 캐나다의 무시험 대학진학 구조를 제대로 벤치마킹 하는 것이다.

다섯째, 공부거리 무거운 짐을 없애기는 2021년 우리 교육이 당면한 문제다. 공부 짐이 너무 무거워 힘겨워하는 우리 학생들은 놀고 잠자고 먹는 시간까지 공부에 빼앗길 정도로 공부거리가 많다. 이는 학생들의 건강과 행복을 위해 대단히 심각한 일이지만, 이를 해소하는 방안은 의외로 간단하다.

위의 네 문제가 해결 되면 공부거리 짐이 획기적으로 줄어서 우리 학생 모두 행복한 학창시절을 보내게 될 것이다.

이제는 다다익선의 주입 암기식 교육이 아니라, 스스로 사고하고 창의력을 발휘하고 문제 해결 능력을 기르며 자신의 잠재력을 끌어내서 극대화 시키는데 필요한 사반공배의 학습지혜가 필요하다.

방학에 고3 학생이 학교에 한 번도 안 가고 알바로 돈을 벌어 여행을 다니고 운동도 취미생활도 마음대로 할 수 있는 캐나다는 우리 국민은 상상하기도 어려운 여유와 자유를 누리면서도, 배울 것은 다 배운다.

어쨌든지 간에 캐, 핀, 독, 3국은 한국학생들보다 공부짐이 적고, 공부시간도 짧고 공부거리도 많지 않다, 그러면서도 자신이 필요한 것을 선택, 자율적으로 배우며 창의력을 강화 할 수 있는 맞춤형 실용교육이 가능하다.

우리가 이들 3국 교육의 장점을 한꺼번에 벤치마킹 하여 융합한다면, 교육문제 해결은 아주 쉬워지고, 더 이상 손댈 데 없는 가장 이상적인 교육이 시행되는, 살맛나는 교육세상이 될 것이다. 그것이 바로 교육낙원이다.

캐, 핀, 독이 해냈다면 우리도 능히 해낼 수가 있다.

우리가 이런 확신을 가질 수 있는 이유는 무엇인가?

첫째, 우리 민족은 이미 벤치마킹을 통한 위대한 성공

경험이 많고,

둘째, 교육낙원 만들기에 성공한 최적의 롤 모델
이 있고,

셋째, 저들을 벤치마킹 할 경제력과 기능을 충분히 보
유하고 있고,

넷째, 제대로 된 벤치마킹이 복제효과를 내는 건 시기
와 장소에 상관없는 불변의 과학이기 때문이다.

이러므로 우리 대한민국은 분명히 온 국민이 흡족해서
하하호호 웃는 멋진 교육세상을, 벤치마킹이란 도구를
활용해서 능히 만들 수가 있다고 단언한다.

이쯤에서 교육천국 친구들과 한국친구의 대화 몇 마디
들어보자.

〈경쟁 스트레스에 대하여〉

캐, 핀, 독 친구: 한국학생이 경쟁 교육 성적경쟁 스트레스로 죽기까지 한다고?

한국 친구: 그래, 한국은 경쟁지옥이야.

캐, 핀, 독 친구: 우리나라와 같이 하면 경쟁 스트레스가 없을 텐데, 우린 경쟁이 없어. 무경쟁 상생교육을 하니까.

〈사교육에 대하여〉

독일 친구: 사교육 때문에 골치라고?

한국 친구: 한국은 사교육세상, 아이들도 학부모도 죽을 맛이야. 연간 사교육비가 몇 십조! 학부모는 힘들고 학생은 가외 공부가 어렵고, 우리 국민은 참 부끄럽다. 엄청 많은 선행학습 공부거리에 눌려 한국 아이들을 공부지옥에 산다. 학원공화국 한국학생들은 학교공부 하랴 학원 다니랴 그로기 상태야.

독일 친구: 우리나라엔 사교육이 없어. 우리 같이 하면 한국도 똑같이 될 텐데, 우리는 사교육은 물론 없고 선행학습도 할 수가 없으니까. 당연히 학원도 없지. 우린 사

교육에 대하여 평생 누구나 신경 쓸 일이 전혀 없어. 그런데 한국은 왜 우리처럼 못하는 거지?

〈교육비에 대하여〉

한국 친구: 교육비는 생활이 어려운 자에겐 거부도 피할 수도 없는 힘든 짐이라서, 우리 부모님들은 허리가 휜다. 그래서 저 출산 현상에 인구절벽도 생기고 자녀 많은 부모는 걱정이 태산이지. 이 무거운 교육비 짐을 어쩌면 좋아?

핀란드 친구: 그렇다면 우리처럼 하면 될 텐데. 우리 국민은 모두 평생 교육비 걱정도 짐도 없다. 각자도생 교육비 지출 방식을 버리고, 우리 핀란드 조세구조를 배워서 우리만큼만 한국인도 세금을 내면 100% 무상교육은 약과고, 모든 복지가 다 가능해져서 한국도 우리처럼 국민 모두가 영구히 교육비에 신경 쓸 것이 없게 될 테니까. 안 그래?

〈대학입시지옥에 대하여〉

한국 학생: 한국 대학입시는 모든 교육문제의 주범이야. 수능일은 온 나라가 비상, 전국이 난리 법석이 되는 거국적 행사야. 수능 기도인파가 사찰과 교회와 성당에 가득한 미신 같은 일이 일상이 됐어. 우리 수능은 학생, 교사, 학부모가 3위1체로 벌이는 거국적 교육바보 드라마야. 12년 공부한 걸 단 하루에 시험 치는 수능은, 미로 찾기 같은 게임이고. 대학입시는 말도 많고 탈도 많아. 국민이 넌더리내는 '대학입시지옥'이 됐다.

캐나다 친구: 우리처럼 하면 대학입시지옥 같은 것은 싹 없어질 텐데, 우리는 대입 관련 문제조차 전혀 없어. 대학입시 자체가 없으니까. 한국도 대학입시 없이 누구나 대학에 가는 교육구조를 우리처럼 딱 한 번만 만들면 대학입시지옥은 곧바로 없어지지 않겠어?

〈교육천국 친구들이 이구동성 하는 말〉

한국 친구들! 너네 들도 우리처럼 하면 우리처럼 될 수밖에 없지 않겠니? 그러니까 우리 3국을 딱 한 번만 제대로 벤치마킹 해보라고!

왜 위대한 대한민국이 우리가 하는 것을 보고도 못해? 한국은 얼마든지 잘 할 수가 있어. 그 어려운 반도체, 조선, 자동차도 해냈는데, 그보다 훨씬 쉬운 교육천국 만들기는 왜 못하겠어? 하면 돼. 용기를 내.

제3장

경쟁 OUT,
경쟁 스트레스 없는
교육세상 만들기

경쟁 없는 행복한 교육세상
이렇게 만든다

경쟁은 거기 참여한 모든 사람을 피곤케 하고, 오래 계속되면 행복감을 감소시키고 나아가 과도한 경우 인성까지 황폐케 하고, 경쟁에 뒤진 사람들은 열등감과 패배감을 느끼며, 낙오되는 사람은 심지어 자살까지 한다.

연간 300여 명이나 목숨을 끊는 청소년의 자살 요인 중에 심한 경쟁스트레스를 간과 할 수는 없을 것이다.

과도한 성적경쟁은 필연적으로 사교육을 야기하고, 성적 줄 세우기를 위한 잦은 시험은 시험지옥을 유발하고, 수능 점수가 높아야만 소위 일류대학에 갈 수 있게 된 교육구조는, 치열한 경쟁을 할 수밖에 없도록 하여, 시험 잘 치는 기술을 연마하는 학습으로 변질 된다.

이로 인한 피해는 심각하다. 주입 암기식 교육을 고착시켜 학습자가 사고력, 비판력, 문제해결력, 창의력 등 자신의 잠재력을 극대화시키는 교육을 어렵게 한다.

이를 잘 아는 교육선진국은 그래서 무경쟁 상생교육을

지향하며, 이를 위한 경쟁방지장치를 갖고 있다.

이번 장에서는 어떻게 경쟁교육을 방지할 수 있는가?

무경쟁 상생교육을 하는 교육선진국들의 독특한 '경쟁
방지장치'를 소개한다.

무경쟁 교육이 교육정상화와 천국화의 첫 걸음이요,
바탕이 되기 때문이다.

캐, 핀, 독, 3국의 무경쟁 상생교육을 벤치마킹하면 우
리도 그 같이 된다.

01
무경쟁 교육 시행 선진국은
제각기 독특한 '경쟁방지장치'가 있다

    교육선진국들은 경쟁교육을 지양, 무경쟁 교육을 시행하는데 필요한 정책과 경쟁방지장치를 갖추고 있다.

    우리 한국에 년 간 300명 안팎의 새파란 청소년이, 스스로 스러지고, 수만 명 학생이 학교를 떠나, 학교 밖 학생이 되는 안타까운 현상도 경쟁교육과 결코 무관하지 않을 것이다.

    2019년 10월 9일자 경향신문에 의하면 해마다 학교를 떠나는 초, 중, 고교생이 9만 명가량 되고, 2017년 기준 전국의 학교 밖 청소년은 41만 2,587명으로 추산 된다. 학교 밖 청소년들의 학업 중단 이유는 '학교 다니는 게 의미 없어서' 46%, '심리, 정신적인 문제' 32%인데, 그렇다면 이 정신적 문제에 가장 큰 영향을 미치는 것은 경쟁 스트레스가 아닐까?

본서의 저술 동기도 성적경쟁으로 상처를 입은 한 소녀의 죽음에서 비롯되었다.

경쟁 없는 교육세상을 만들어야 할 이유는 너무도 많다. 그 이유 중 하나는 경쟁교육은 필연적으로 사교육을 유발하여, 모든 학생들은 학교 공부와 함께 선행학습의 무거운 공부거리 짐을 초, 중, 고교 학습과정 내내 감내해야만 하기 때문이다. 사교육은 비정상적인 교육으로 인한 거국적인 헛수고다.

또 다른 이유는 사교육으로 건전한 공교육이 피해를 입고 정상교육 시행이 어렵게 되고, 오로지 높은 시험점수 획득을 통한 일류대학 진학을 목표로 한 주입 암기식 교육이 횡행, 학력 양극화라는 불평등한 교육구조를 만들기 때문이다.

이런 피해를 아는 교육선진국은 무경쟁 교육을 지향하며 제각기 훌륭한 경쟁방지장치를 갖고 있다.

02
캐나다의 경쟁방지장치
'무시험 대학진학 교육구조'

캐나다의 무경쟁 교육에 결정적 역할을 하는 경쟁방지
장치는, 무시험 대학진학 제도일 것이다.

어떤 대학에 가느냐에 따라 인생이 달라지고, 수능 점
수 몇 점 차이로 서열화 된 대학입학이 결정되는 한국의
교육구조는 경쟁을 낳고, 이를 극대화시킨다.

따라서 한국도 수능 없이, 누구나 원하는 대학에 진학
할 수 있는 바람직한 교육구조만 구축되면, 무경쟁 상생
교육이 충분히 가능해진다.

'대학입시지옥'이라고 말하는 한국의 대학진학은 수많
은 복잡다단한 교육문제를 초래하여 국민들을 힘들게 하
는데, 이와 달리 캐나다는 대입시험 없이 누구나 맞춤형

대학진학이 가능하므로, 우리처럼 신경을 쓰지 않을뿐더러, 대입 관련 문제도 없다.

사실이 그러하다면 이는 우리 한국에 얼마나 다행한 일인가?

대학입시가 거국적 국민행사가 되고, 대입관련 여러 문제가 복잡하게 뒤엉켜있는 우리 한국이, 대학입시지옥을 단박에 없애고, 거기 관련 된 모든 문제를 일거에 말끔히 완결하는 영구적인 완벽대안을 찾게 되었으니 말이다.

캐나다의 '무시험대입 교육구조' 벤치마킹에 성공하여, 대학입시(수능) 없이 대학에 진학하는 교육구조를 딱 한 번만 구축하면, 우리도 무경쟁 상생교육이 가능해지고 대학진학 관련 문제가 일소되어, 우리 교육에서 영원히 대학입시지옥이 사라지므로, 매스컴에서 이에 관한 보도조차 찾아볼 수없는 멋진 교육세상으로 바뀔 테니까.

대도무문! 누구나 대학입시 없이, 자신의 필요에 맞추어 원하는 대학의 원하는 학과를 선택하여, 자신의 꿈을 성취하고 원하는 직업을 가질 수 있는 그런 멋진 교육세상을 상상만 해도 마음이 상쾌하지 않는가?

03
핀란드의 경쟁방지장치
'3종 교사의 3중 학습'

성적경쟁 결과는 필연적으로 학업 우수생과 열등생을 구분하게 된다. 특히 100점 만점 평가제로 우열을 가리는 한국 교육은 당연히 과열된 경쟁을 낳고 이를 계속 강화시킨다. 그러다 보면 성적이 뒤지는 학생은 낙오되어, 학습 진도를 따라갈 수 없는 학습포기자가 되거나 스스로 학교를 떠나 학교 밖 학생이 되기도 한다.

그런데 "경쟁은 교육이 아니다"라는 모토로 교육에서 경쟁을 배제시킨 핀란드는, 낙오자 없는 무경쟁 교육으로 학생들을 세심히 배려하는 것으로 유명하다.

특히 우수생 위주 학습이 아니라 학습능력이 뒤지는 학생들 위주로, 이들을 유급시켜서라도 기본적 학습과정은 반드시 숙지하도록 배려한다.

그러므로 우리가 경쟁 없는 교육세상을 만들려면 핀란드의 3종 교사의 3중 학습 제도를 벤치마킹할 필요가 있다. (한국도 초등학교 일부에서는 이제도가 부분적으로 시행되고 있는 것 같다)

3종 교사제의 3중 학습은 담임교사, 보조교사, 특수교사, 이렇게 3종의 교사가 힘을 합하여 학습자를 세심히 돌보는 시스템으로, 3겹으로 된 완전 학습이라고 할 수 있겠다.

핀란드는 이 3종 교사의 3중 학습으로 사교육의 필요성을 없애므로, 사설학원이 필요 없는 완벽한 공교육 시행으로 모든 학습자가 만족한 교육이 이루어진다.

04
독일의 경쟁방지장치
'6점제 학습평가'와 '월반제'

독일은 사교육은 물론 어떤 형태의 선행학습도 발붙일 수 없는 교육구조를 갖고 있다.

이런 독일이 보유한 사교육 근절과 일체의 선행학습을 원천 봉쇄하는 기능을 가진 '6점 학습평가제'와 '월반제'는 사교육 킬러이면서, 경쟁교육을 완전히 방지하는 강력한 예방약과 같다.

독일의 이 두 제도를 우리가 벤치마킹하여, 교육에 적용하는 즉시 이는 놀라운 효력을 발생하여, 사교육이 불가능하게 되고, 일체의 선행학습도 아예 발붙일 수 없게 할 것이며, 이는 탁월한 경쟁방지장치도 될 것이다.

독일의 '6점 학습평가제'는 한국의 '100점 만점 학습평가제'가 경쟁을 강화하여 사교육을 낳고 증대시키는 데 반해, 사교육 자체를 불가능하게 하는 기능을 갖고 있어서, 이를 활용하면 사교육은 저절로 사그라질 수밖에 없다.

그리고 독일이 '월반제' 엄정시행으로 일체 선행학습을 통제하는 기능을 우리가 벤치마킹 할 경우에는, 한국도 어떤 형태의 선행학습도 경쟁도 불가능한 교육구조가 이루어지므로, 사교육 근절뿐만 아니라 부모들이 자녀 학습에 끼어드는 일이 없이, 온전히 학교 교육만으로 학생들이 꿈을 펼치고 미래 직업을 갖는데 부족함이 없는 아주 멋진 교육세상이 될 것이다.

부모가 학생의 학습에 일체 관여할 필요가 없이, 공교육에 맡겨 놓으면 학교와 학생이 알아서 필요한 것을 모두 배울 수 있게 하는 교육이 이루어지니까, 독일의 학부모는 자녀 교육에 노심초사할 필요가 없어 몸도 마음도 편안하다.

'6점 학습평가제'와 '월반제'는 독일이 보유하고 있는, 완벽한 사교육방지 장치이며 동시에 경쟁을 막는 막강의 방지장치인 것이다.

05
한국의 경쟁방지장치가 될
'독학습 가능 만능 동영상 CD 보급'
-전 과정, 전 과목 독학습 동영상 CD는
학생 각자의 독선생이다

　필자는 우리 학생들의 독학습을 돕기 위해서 교육 전 과정, 전 과목을 최고의 강사가 아주 이해하기 쉽게 강의하는 내용을 동영상 CD로 제작하여 모든 학생들에게 제공하므로, 학생 누구나 개인교수에게 개인교습을 항시 받는 것과 같은 효과를 얻을 수 있게 하므로, 코로나와 같은 비상사태나 여러 가지 이유로 학력이 저하되는 상황을 막을 수 있어서, 제2 제3의 코로나 같은 상황이 와도 학력이 저하되지 않고, 학습이 흔들림 없이 진행될 것이라는 점을 감안하여, 누구나 독학습이 가능한 CD를 국가가 제작하여 보급할 것을 교육당국에 제안한다.

　우리 한국이 성적경쟁을 없애는데 결정적인 역할을 할

중요 기기(機機)로, 저자가 창안한 '독학습용 만능 동영상 CD'를 제작하여 학생들에게 공급하므로, 낙오자 방지는 물론 모든 학생이 학교공부에서 뒤진 실력을 혼자서도 능히 보충하며, 부득이한 사정으로 학습 진도에 뒤진 학생은, 언제든지 반복 학습으로 진도를 따라 잡을 수 있게 되므로, 경쟁이 없는 교육과 낙오자와 양극화가 없는 교육을 가능케 할 수 있다.

2019년 11월 30일자 조선일보 '중학생 12%가 수학 포기자, 5년 새 2배 늘었다'는 기사를 보면서 '독학습 가능 최첨단 시청각 동영상 CD'보급의 필요성을 절감한다.

초, 중, 고교 전 과정 모든 학년의 학과 내용을, 최고의 강사가 누구나 알기 쉽게 자세히 강의한, 최첨단 시청각 동영상 CD를, 모든 학생이 언제 어디서든지 누구나, 자신의 실력에 맞춘 맞춤형 학습으로 열 번 스무 번 반복해서 CD를 보고 들으므로 혼자서도 능히 학습할 수 있는, 이 기기를 모든 학생이 항시 활용하므로, 수학 포기자뿐만 아니라 모든 과목의 학습 포기자가 없는 바람직한 교육이 가능해질 것이다.

모든 학생이 독학으로 초, 중, 고교 전 과정을 각자가 개인교수에게서 모든 과목의 모든 문제를 개별학습을 상시로 받게 하는 것과 같은, 놀라운 효과를 내는 이 CD로 말미암아 학생들의 실력이 거의 평준화 되므로, 기본교육을 숙지하는데 어려움이 없게 되어, 경쟁을 방지하고 낙오자 없는 이상적 교육을 가능케 하여, 부득이 하여 학습에 불참하거나 어떤 사고로 학습 진도에 뒤진 학생이, 학습 진도를 따라 잡는데도 훌륭한 효과를 얻을 수 있을 것이다. 따라서 사교육의 필요성도 없어지므로 학원시대가 막을 내리게 하는 강력한 대안도 될 것이다.

　특히 독학으로 검정고시를 치를 학생이나, 탈북 학생과 다문화 가정 학생의 실력향상과, 학교 밖 학생의 학업 복귀에도 유용하게 쓰일 것이고, 항시 개인교수가 맞춤형 강의를 해주는 독학습 선생님의 역할을 훌륭히 해낼 것이고, 세계에 산재해 있는 우리 동포 2세들이 모국어를 배우고 익히는데도, 맞춤형 독학습 교사 역할을 톡톡히 해내게 될 것이다.

캐, 핀, 독, 3국의 경쟁방지에 유용한 방지책과 장치를 벤치마킹함과 동시에, '독학습 가능 만능 동영상 CD'보급은, 우리 한국이 경쟁 없는 이상적 상생교육세상을 만드는 데도 크게 기여하는 위업이 될 것이다.

제4장

사교육 OUT,
사교육 없는 교육세상 만들기

사교육은 고사하고
선행학습도 없는 대한민국이 된다

한국은 '선행학습금지법'까지 만들었어도, 사교육을 못 잡고 전전긍긍 하는데 독일은 왜 사교육 자체가 불가능한 걸까?

왜 사교육을 근절해야 하고, 어떻게 하면 이를 완전히 뿌리를 뽑고 영구히 사교육이 필요 없는 교육세상을 만들 수 있는지?

여기서 필자는 사교육을 좀 줄이거나 사교육비가 적게 들게 하는 부분적 개선을 논하지 않고, 사교육 자체를 아예 없애버리는 완벽한 방안으로, 더 이상 우리 국민이 사교육에 신경 쓸 일이 없도록, 영구히 사교육이 존재할 수 없는 교육세상을 만들 완벽한 대안을 제시한다.

감히 단언하건대 이 대안대로 하면, 더 이상 사교육은 우리 한국에서 영원히 존재할 수 없게 된다.

그 이유는 사교육이 결코 발생할 수 없고, 발붙일 수도 없는 교육구조가 만들어지기 때문이다.

01
사교육 공화국 한국,
진짜 사교육비는 얼마?

한국의 별명은 학원공화국이다. 이와 걸맞게 한때는 초, 중, 고교 총 숫자의 16배가 넘는 사설학원이 성업일 때가 있었으니 이 별명이 잘못된 것도 아니다. (동아일보, 2008. 10. 23.)

우리나라 사교육비는 과연 얼마나 될까?

이를 정확히 알 수 있는 방법이라도 있는가?

매스컴에서 해마다 지난해의 사교육비를 발표하고 왈가왈부하지만 정확한 통계라고 하긴 어렵다. 왜냐하면 고액과외나 족집게 과외는 비밀리 현금 수수로 행해지기 때문이다.

어쨌든 사교육비는 천문학적 숫자인 것이 분명하다. 엄청난 학원 수로 보나, 사교육비 규모로 보나, 우리 한국은 '사교육공화국'이란 별명이 아직은 어울리는 좀 미개한 나라다.

02
20조 원 사교육비만 없애도
가정경제에 꽃이 핀다

며칠 전 고향 후배에게 들은 이야기다.

독자 아들이 결혼 후 몇 년이 됐어도 아기가 없어 이유를 물어보니, 먹고 살기는 그런대로 괜찮은데 자식을 낳으면 유치원부터 시작되는 교육비가 문제라서 아기를 가질 용기가 나지 않는다며, 아이하나 키우려면 수억이 든다는, 매스컴의 보도에 지레 겁을 먹고 출산을 포기하려는 것을, 간신히 사정하듯 해서 첫 손주를 보았는데 더는 못 낳겠다고 해서, 그래도 하나만 더 낳아 키우다 보면 좋은 날이 올 것이라며, 하나는 너처럼 외로우니 둘은 낳아야 한다고 강권했더니, 그럼 아버지가 사교육비를 감당해 달라고 해서 그만 포기했다며, 씁쓸해 했다.

그러면서 필자가 사교육과 교육비 걱정이 없는 교육세

상을 만드는 책을 쓰고 있다고 했더니, 엄청 반가워하면서 책이 나오면 꼭 알려 달라고 당부를 했다.

이 일은 사교육비를 포함한 교육비가 저 출산의 가장 큰 원인임을 확인 하는 계기가 됐다.

2020년 3월 25일자 경향신문의 기사 '코로나19도 꺾지 못한 사교육 열기'에 보면, 2018년 초, 중, 고교 학생은 545만 명에서, 2019년에는 13만 명(2.4%) 줄었는데도 그해 사교육비는 21조 원으로 7.8%가 증가되었다고 게재돼있다.

이는 학생 수가 줄었는데도 사교육비는 늘고 있다는 증거자료다.

사교육비가 신문 발표대로 최소한 21조만 된다 하더라도, 이는 가히 천문학적 금액이 아닐 수 없다.

사교육이 근절되어 매년 이 금쪽같은 돈이 낭비되지 않고 가계에 남는다면, 형편이 어려운 국민들의 가정경제에 적잖은 도움이 되지 않겠는가?

게다가 우리 한국도 핀란드처럼 사교육이 없고, 100% 무상교육이 가능한 나라가 되어진다면, 덤으로 출산율도 급상승하고 저 출산 문제도 자연히 해소 되며, 인구 절벽도 저절로 사라지게 될 것이니, 앞으로 만들어질 교육비 걱정과 짐이 없는 멋진 대한민국이 기대 된다.

03
사교육은 마귀의 집단최면인가?
빚더미 속 사교육

　어느 때는 우리 국민이 사교육이라는 집단최면에 걸린 것 같이 느껴진다.

　어느 젊은 사업가는 빚 속에 고금리 일수까지 쓰면서도 매달 몇 십만 원을 딸 학원비로 여전히 지출하는데, 정말 이해가 안 되는 것은, 열 살 된 딸 성적이 전 과목이 상(上)이라는 것이다.

　학원에 안 보내도 학교 공부에 전혀 지장이 없는데, 빚 속에서도 기어이 학원에 보내는 것을 보면 정말 사교육 귀신에 홀린 것 같다.

　그런데 이런 학부모들이 어찌 이 사람뿐이랴, 태반의 국민이 사교육에 휘둘리는 게 현실이니 이는 마귀의 집단죄면이라 말해도 하자가 없지 않는가?

이렇게까지 기승을 부리는 사교육을 근절할 대책을 내놓아야 할 교육부는, '선행학습금지법'을 만든 것 말고는, 어떤 근본적인 대안을 내놓지 못하고 있고, 이를 해결할 뾰족한 해법을 내놓을 유능한 해결사도 없으니 참으로 딱한 노릇이다.

이런 형편에 본서를 통해서 사교육을 줄이는 정도가 아니라, 이를 완전히 근절하므로 영구히 신경 쓸 필요가 없는 사교육이 불가능한 교육구조를 만드는 확실한 방안을 제시하게 됨은 정말 다행한 일이다.

04
사교육 영구 근절은 흰소리인가?
NO! 아주 쉽다

사교육에 대한 국민들 태도를 보면, 사교육 근절은 아예 상상도 못하는 사람이 많고, 이는 우리 한국인의 국민성인 특별한 자식사랑의 한 방법이기 때문에 어쩔 수 없다는 사람도 적지 않다.

필자는 사교육을 완전히 없앨 수 있다는 사람을 여태까지 한 번도 만나본 적이 없었고, 나의 사교육 근절 가능성에 대한 주장에 대해서, 세상물정을 모르는 사람의 순진한 이야기나, 사교육 해법의 복잡성을 모르는 단순 사고에 의한 흰소리 정도로 생각하여, 사교육에 대한 이야기는 아예 들으려하지 않는 사람도 있었다.

어쨌든 역대 정권마다 작심하고 사교육 근절을 외치며 야심차게 덤볐지만, 해결은커녕 더 어렵게 꼬이고 복잡하게 진화되었을 뿐, 수 십 년을 이렇다 할 해법을 내놓지 못하고 있어서, 국민들은 여전히 그 피해를 고스란히 감수하고만 있다.

사교육의 문제점과 그 엄청난 피해를 예리하게 지적하는 사람은 많지만, 해결책이 될 뾰족한 방안을 내놓는 사람은 없고, 더구나 근본적이며 총체적인 대안제시자는 찾아 볼 수 없다.

심지어 한국교육의 문제점을 예리하게 파헤친 저명한 교육학자조차도, 사교육 근절은 해결이 불가능한 문제라고 그의 견해를 밝히고 있다.

그 실례로, 주입 암기식 대학입시 위주 교육의 폐해를 밝히고, 한국의 시험이 갖고 있는 평가방식의 문제점을 예리하게 지적한 문제작 『서울대에서는 누가 A+를 받는가』를 쓴 이혜정 박사도, 그의 다른 책 『대한민국의 시험』에서 사교육에 대한 견해를 밝혔는데, 그는 교육정책으로 사교육을 없애는 것은 불가능하다고 생각한다며, 그 이유는 사교육비가 지위재로서의 성격이 강하기 때문이며, 대입제도가 어떻든 교육 시스템이 어떻든 간에 돈 있는 사람은 사교육비를 쓰게 돼있다면서, 사교육 근절은 불가능한 쪽으로 규정지었다.

이렇게 역대 정권이 나서고, 교육장관이 바뀔 때 마다 의욕을 가지고 해결해 보려 했지만, 철옹성처럼 까딱도 하지 않는 사교육문제를, 우수한 교육전문가까지도 해결 불가능하다고 단정하는 이 난제 중 난제인 사교육에 대해서, 필자는 우리 한국에 다시는 사교육이 존재 할 수가 없는 교육구조를 아주 쉽게 만들 수 있다고 주장할 뿐만 아니라, 한술 더 떠서 아예 사교육이 영원히 불가능한 교육 세상을 만들어, 모든 국민이 더 이상 신경을 쓸 필요가 없는 멋진 교육세상을 만들 수 있다고 강력히 주장하고 있으니 이는 호언 장담가의 객기인가?

뜬 구름 잡는 흰소리인가? NO! NO!

이는 절대 흰소리나 허튼 소리가 아니다.

그리고 이렇게 어려운 사교육문제를 해결하는 확실한 방안은 바로, 본서에서 제시하는 대안을 활용하므로써 넉넉히 영구 완결할 수 있다는 확신에 추호도 의심이 없다.

이제 본격적으로 이놈의 고약한 사교육을 영구히 처단할 명백한 대안을 구체적으로 제시할 시간이 되었다.

본서가 제시하는 대안대로 하면 사교육 완전 근절은 너무 너무 쉽다.

사교육을 없애려고 애쓰며 씨름하지 말고, 사교육이 영원히 존재할 수 없는 교육구조를 만들면 아주 쉽고 간단히 해결 된다는 사실을 본서에서 확실히 규명할 것이다.

05
사교육과 싸우지 말고, 사교육이 불가능한 교육 구조를 만들어야

사교육과 싸워서는 절대 못 이긴다. 더구나 사교육이 발생하고 기승을 부릴 수밖에 없는 경쟁교육구조를 고수하면서는 언감생심 사교육을 없앨 생각조차 말아야 한다.

사교육을 유발하는 경쟁 교육을 지속하면서는, 사교육과 싸워서 이길 사람도 없고 나라도 없다. 이것은 수 십년 우리한국의 교육역사가 증명하지 않는가?

만약 사교육과 전면전을 벌여 이길 수 있었다면 벌써 사교육은 오래전에 자취를 감추었을 것이다.

사교육을 야기하는 주범인 경쟁을 강화 하면서 사교육을 근절하려는 것은, 마치 불을 끄기 원하면서 휘발유를 계속 뿌리는 것처럼 어리석은 짓이다.

문제의 발생 원인은 그냥 두고서 결과만을 어찌 해보려는 시도는 당연히 실패할 수밖에 없지 않는가?

우리 교육당국은 이런 모순적 사교육해법으로 사교육과 대결을 벌였지만, 그 결과는 철저한 패배였고, 이는 너무나 당연한 결과였다.

다시 말하거니와 사교육과 싸워서는 절대 못 이긴다.

이제는 구태의연한 방법을 버리고 과감히 발상을 전환할 필요가 있다.

사교육을 줄이거나 없애려 애쓸 게 아니라, 아예 사교육이 불가능하고, 필요 없고, 저절로 사그라질 수밖에 없는 신기한 대안을 활용하는 것이다.

그렇게 하면 사교육은 쨍쨍 내려 쬐는 햇볕에 녹아내리는 눈사람처럼 무력해진다.

본서가 제시하는 대안 속에 그 통쾌하고 구체적인 방안이 들어있다.

06
사교육 킬러! 독일의
'6점 학습평가제'와 '월반제' 벤치마킹

사교육이 저절로 소멸되게 할 2대
사교육 킬러가 될 무기를 장착하여, 사교육이
영구히 불가능한 교육구조를 구축하자

사교육 근절에 성공하면 우리 국민 모두가 하하호호 파안대소 하는 만족한 교육세상이 되는데 크게 이바지 할 것이다.

더구나 본서가 밝히는 사교육 영구근절, 사교육 완전 철폐, 사교육 영구 불가능한 교육구조를 일거에 구축한 다면 이것이야말로, 우리 국민을 열광(熱狂)의 도가니로 몰아넣을 한국 교육 역사상 초유의 대변혁이요 쾌거가 아닐까?

감사한 것은 이 일이 너무나 쉽고 그 결과는 경이롭다 는 것이다.

그렇다면 그 확실한 대안은 무엇인가?

그 결론은 한마디로 사교육은 근절은 물론, 일체의 선행학습도 용납되지 않는 독일 교육을 제대로 벤치마킹하는 것이다.

그렇게 독일을 벤치마킹 하는 것으로 사교육 문제는 간단히 영구완결이 가능해진다. 왜 그런가? 이 놀라운 사실에 주목하자.

독일은 사교육이 일체 없다.

사교육은 고사하고 선행학습조차 철저히 규제하여 발붙일 수 없게 하는 훌륭한 교육구조를 가진 나라이므로, 우리 한국이 사교육을 근절하는데 있어서 독일은 그야말로 최적의 롤 모델로서 완벽하다.

사교육 영구근절의 확실한 대안으로 독일을 벤치마킹하는 것보다 더 나은 방법은 없다. 그리고 이 일은 아주 쉬우면서도 그 결과는 확실할 것이다.

그것은 우리가 그토록 어려워하는 사교육 문제가, 독일의 '월반제'와 '6점 학습평가제'를 벤치마킹하여 우리 교육에 적용하면, 단박에 아주 말끔하게 영구히 종료될 것이기 때문이다.

우리가 독일의 이 양대 제도만 도입해도 우리 교육에는 정말 바람직하고 경이로운 변혁이 즉시 일어나게 되어 있다.

경쟁 불가능, 사교육 불가능, 선행학습 불가능 교육구조가 동시에 이루어져서 1석3조의 효과가 명확하게 나타날 것이다.

거기에다, 경쟁과 대학입시까지 없는 교육세상이 함께 만들어지면, 공부거리 짐도 획기적으로 축소되게 되어 한국교육 5대 문제가 일거에 통쾌하게 해결되는 우리 교육정상화와 천국화가 멋지게 동시다발적(同時多發的)으로 이루어질 것이다.

이로써 우리 한국의 역대 정권이 번번이 실패한 사교육잡기, 저명한 학자도 불가능하다고 말하는 사교육문제 해결이 이 대안을 적용할 경우 식은 죽 먹기가 되고, 이 제도가 우리 교육에 자리를 잡는 순간 '사교육'이란 놈은 봄눈 녹듯 영원히 그 자취를 감출 수밖에 없는 것이다.

그러니 이는 사교육을 좀 줄이는 정도가 아니라, 아예 사교육이 영구히 사라지게 하는 통쾌한 승리로, 사교육이 다시는 발생할 여지조차 주지 않는 교육구조를 구축하므로, 이를 완전히 종식시키는 엄청난 결과를 가져와 국민들을 놀라게 할 것이다.

그뿐만 아니라 사교육과 선행학습의 영구 퇴치와 함께, 대학입시 위주 주입식 암기 교육도 해소 되어, 창의력과 사고력, 비판력과 문제 해결력을 학습자 스스로 키우도록 도와주는 4차 혁명시대에 걸 맞는 바람직한 교육을 가능하게 할 것이다.

그러면 도대체 사교육 근절과 함께, 어떤 형태의 선행학습도 발붙이지 못하도록 완벽하게 다스리는, 사교육 불가능의 구조를 가능케 하는 막강한 기능을 가진, 독일식 '6점 학습평가제'와 '월반제'란 무엇인가?

본격적으로 그 기능과 위력을 자세히 상세하게 소개한다.

07
독일 교육 벤치마킹으로
사교육은 영원히 굿바이

모든 학원이 자취를 감추고
사교육 시대의 막을 내린다.

한국의 학습평가는 100점 만점제에 의해서 이루어지는 반면, 독일은 6점제 학습평가를 시행한다.

100점제는 점수가 높을수록 우등생이 되고, 점수가 많을수록 공부를 잘하는 학생으로 인정을 받는데 반해 독일의 6점 학습평가제는 100점제와 정반대다.

점수가 적을수록 우등생이 되고, 점수가 많을수록 낙제 가능성이 높다.

그러므로 6점 학습평가제는 성적경쟁이 불가능한 학습구조를 만든다.

독일의 6점 학습평가제는

1점: 최우수

2점, 3점: 우수

4점: 보통

5점: 경고점수

6점: 낙제점수

100점 만점제 학습평가를 하는 한국은 사교육 때문에 쩔쩔 매는데, 6점제 학습평가를 하는 독일은, 사교육은 물론 선행 학습도 발붙일 수가 없어서, 사교육에 영구히 신경 쓸 필요가 없다.

이런 천양지차의 교육이 이루어지는 이유는 뭘까?

한국의 '100점 만점제 학습평가'는 한 마디로 경쟁을 유발 강화하는데 십상이고, 이 학습평가에서 고득점을 위해서는 필연적으로 주입 암기식 학습에 능해야 하고, 이를 위해서는 성적이라는 잣대로만 학습능력을 평가해야 하므로, 경쟁교육 강화에 효자노릇을 한다.

100점 만점제는 학생들의 각 과목점수를 합산하여 평균점수에 따른 비교로 등수를 정하고 등급을 매기는 데는 적합하나, 경쟁을 없애는 데는 조금도 기여하지 못한다.

따라서 한국이 경쟁교육 기저를 유지하고 100점 만점제를 지속하는 한 경쟁은 계속 강화되어 사교육은 필수가 될 수밖에 없고, 사교육을 다스리거나 근절할 수가 없게 되는 것은 당연지사다.

그와 달리 독일의 '6점 학습평가제'는,

첫째, 평가방식 자체가 성적경쟁이 유발될 수가 없는 구조다. 성적 우수생일수록 점수가 낮아지는 평가방식 자체가 경쟁을 불가능하게 한다.

둘째, 학습평가를 시험점수라는 잣대만으로 잴 수 없기에 등수나 등급을 매길 수 없고, 성적표에 점수와 등수가 기재되지 않기에, 다양한 평가가 가능하고 각양의 유효한 학습이 가능해진다.

셋째, 경쟁 불가능 구조이므로 사교육이 필요 없고, 시험점수 높이기에 초점을 맞춘 암기 주입식 학습이 배제(排除) 된다.

넷째, 학습평가를 맡은 교사의 권한이 강화 되어 교권이 살아나고, 창의성, 비판력, 사고력, 문제해결력을 길러주는 4차 혁명시대에 걸 맞는 다양한 학습이 가능해진다.

이런 점을 고려할 때 우리가 100점 만점제 학습평가 방식을, 독일식 6점 평가제로 바꾸는 것 하나만으로도, 경쟁불가능 교육구조가 자동적으로 구축되므로 써 더 이상 경쟁이 없고, 따라서 사교육을 원천봉쇄 할 수 있게 된다.

성적경쟁 불가능 독일 교육구조야 말로 사교육을 애초부터 봉쇄하는 최강의 무기로 그 위력을 발휘하기 때문이다.

그러므로 경쟁교육을 고수하면서 사교육을 줄여보려고 애쓸 것이 아니라, 사교육을 불가능하게 하는 독일의 '6점제 학습평가' 제도를 즉각 도입하여, 우리 교육에 활용하는 이 대안이야 말로 사교육이 자연적으로 사그라지게 하는, 사교육 근절을 위한 최선의 완벽 해결책이다.

그것을 입증하는 명백한 증거물이 바로 경쟁도 사교육도 일체의 선행학습도 발붙일 수 없는 독일 교육의 현재

모습인 것이다.

그런 의미에서 우리의 사교육 근절에 필요한 것은 '선행학습금지법'이 아니라, 100점 만점제 학습평가를 '6점 학습평가제'로 과감히 전환 하는 것이다.

독일은 사교육 근절은 물론 어떤 형태의 선행학습도 발붙일 수 없는 나라라는 것은 잘 알려져 있다.

독일의 '6점 학습평가제'가 성적경쟁과 사교육을 막는 예방약이라면, '월반제'는 일체의 선행학습을 원천봉쇄 하는 완벽한 장치라 할 수 있다. 독일은 월반제를 통해서 어느 누구도 공교육의 학습 진도를 앞서나가지 못하도록 철저히 규제하므로, 경쟁도 사교육도 모두 불가능한 교육구조를 강고하게 견지(堅持)하고 있다.

독일에서 학생이 선행학습을 하는 것은, 자율권을 가지고 수업을 준비한 교사를 무시하는 행위요, 다른 학생들의 학습의욕을 저하 시키는 피해를 유발하는 것으로 간주 된다고 한다. (『꼴찌도 행복한 교실』 21세기북스)

그러면 월반제는 어떤 역할을 하는가?

월반제와 선행학습에 관련된 이야기 하나를 소개하면,

한국에서 이민 간 학부모가 다른 아이에게 뒤질까봐 자기 아이에게 선행학습을 많이 시켜서 보냈더니 학교에서 호출이 왔다.

가보니 선생님이 근엄한 얼굴로 "왜 아이에게 예습을 많이 시켰습니까? 그렇게 진도에 앞서 나가도록 선행학습을 시키려면, 월반을 시켜서 일찍 졸업을 시키도록 하십시오."

아주 준엄한 경고에 깜짝 놀란 부모는 그 후론 아이 공부에 신경을 쓰지 않게 됐고, 그랬어도 아이는 자기 몫의 공부를 선행학습 없이 학교 수업만으로도 훌륭히 해냈다는 이야기다.

경쟁 없는 교육. 학교에서 하는 대로 학습 진도에 맞춰 학생 스스로 알아서 공부하도록 내버려 둬도, 학부모가 전혀 신경 쓸 필요가 없을 만큼, 학교와 학생이 알아서 잘하도록 하는 신뢰받는 공교육을 시행하는 독일!

성적경쟁이 아예 불가능하도록 초교에서 고교 3년, 13학년까지 등수를 알 수 있는 성적표를 주지 않는 독일!

사교육은 물론 없고 어떤 형태의 선행학습도 용납하지 않고, 누구나 학교 공부만 충실히 하면 원하는 대학에 갈 수가 있고, 꼭 대학에 가지 않더라도 자신이 원하는 직업을 가지고 행복한 삶을 살수가 있는, 멋진 교육을 시행하는 나라 독일은 정말 부러운 나라가 아닌가?

우리가 사교육을 없애려고 더 이상 애쓸 것 없이, 독일의 이 양대 사교육킬러가 될 무기를 도입 장착하므로, 사교육근절과 함께 일체의 선행학습이 불필요하고 불가능한 교육세상이 된다면, 학부모들까지 나서서 학생들의 학습에 간여하고, 학생들의 짐이 부모의 짐이 되는 일도 없어서 학생, 학부모, 교사, 모두가 마음과 몸이 편한 행복한 교육 세상이 될 것이니, 이것이야 말로 가장 바람직하고 완벽한 사교육 해결책이 아닌가?

더군다나 모든 학생이 학원을 필요로 하지 않는, 독학습 가능한 전 과정 전 과목 학습을 담은 동영상을 보므로, 학생마다 언제나 이해가 안 되고 어려운 문제가 숙지될 때까지 설명해 주는 개인교수 역할을 하게 해주는 독학습용 만능 CD를 장착해 주므로, 사교육이 필요 없고 학원에 가서 선행학습을 할 필요가 없는, 학교 공부로만 충분한 교육이 가능해지므로, 사교육과 선행학습의 필요성은 동시에 영구히 사라져버릴 수밖에 없다.

더도 덜도 말고 사교육을 없애는 것은 독일 같이만 하면 족하다.

이에 필요한 정보는, 이미 독일 교육 관련 서적 속에 자세히 언급되어 있으므로 벤치마킹에 어려울 것도 없다.

다시 한번 강조 하거니와 독일 교육을 제대로 벤치마킹 하게 되면 더 이상 우리 대한민국에 사교육은 존재할 수가 없게 되어 영구히 막을 내리게 된다.

게다가 일체의 선행 학습도 발붙일 수 없는 멋진 교육세상이 될 수밖에 없는 것이다.

사교육 없는 교육세상 만들기! 얼마나 쉬운가?

이젠 맘만 먹으면 얼마든지 가능하다.

사교육이여! 영원히 굿바이~

제5장

교육비 짐 OUT,
교육비 걱정과
짐 없는 나라 만들기

100% 무상교육시행 가능한
대한민국이 된다

교육비 문제는 자녀를 둔 부모면 누구에게나 무거운 짐을 안고 찾아오는 두려운 손님이다. 부자만 빼고, 특히 형편이 어려운 가정에는 더욱 그러하다.

이 교육비 부담이 무서워 자녀 낳기를 주저하는 젊은 이들의 망설임이 저 출산의 원인이 되어졌고, 이를 해소하지 못하는 정부의 교육비 문제 대처방식은 인구절벽을 불러왔다.

특히 다자녀 부모에게는, 이 교육비 문제야말로 가장 감당키 어려운 난제다.

오죽하면 교육비를 피치 못할 형벌이라 했겠나?

우리 한국 학부모 중 태반은 교육비 짐에 허덕인다.

그런데 이 지구촌 한 모퉁이에는 온 국민이 요람에서 무덤까지 교육비 걱정이 전혀 없는 부러운 나라가 있다. 핀란드가 그 롤 모델이다.

다행하고 감사한 것은, 우리도 핀란드 조세구조를 제대로 벤치마킹하여, 그들과 같이 100% 무상교육이 가능한 조세구조를 한 번만 구축하면, 그때부터는 우리 역시 온 국민이 영구히 교육비 걱정과 짐이 없는 교육세상에서 살 수 있다는 사실이다.

교육비 문제가 얼마나 심각한 것인지?

어떻게 하면 교육비 짐이 없는 100% 무상교육이 영구히 가능한 대한민국을 만들 수 있을까?

그 놀랍고도 신나는 방안을 제시한다.

이제 더 이상 100% 무상교육의 실현은 우리 대한민국 국민들에게 결코 꿈만이 아니다.

01
어려운 가정 교육비는
피할 수 없는 형벌

한국 국민이 교육비 걱정과 짐에서
영구히 해방 되는 길을 찾았다

"교육비 걱정만 없어봐, 아이들을 낳지 말래도 적어도 둘은 낳지."

"먹고 살기도 힘든데 억대 교육비에 어떻게 아기 가질 엄두가 나겠어!"

출산율 0.88%(2019. 12월 현재)인 저 출산 시대에 심심찮게 들어보는 이야기이지만, 이는 국가의 앞날을 생각하면 참으로 심각한 문제다.

공교육비만도 버거운데 설상가상 사교육까지 필수가 되는 상황에서, 국민 다수는 교육비 문제로 고민하며 여

간 고생하는 게 아니다.

아이를 키우려면 대학졸업까지 10억이나 들기에 공무원들까지 출산을 기피한다는 특집 기사(2019. 10. 11. 동아일보)를 본 적이 있다.

우리 국민을 이렇게 힘들게 하는 교육비 문제가 이미 말끔히 해결 되어서, 요람에서 무덤까지 100% 무상교육을 하는 핀란드나, 외국에서 유학 온 대학생까지 무료로 공부하게 해주는 독일을 부러워 할뿐, 우리 한국국민은 현재로써는 그런 행복은 엄두도 못 낼 안타까운 현실이다.

그러나 절망할 필요는 없다.

우리 교육당국이 100% 무상교육의 가능성을 보는 눈만 열린다면, 지금의 우리경제력만으로도 핀란드와 같은 무상 교육이 가능한 나라를 만들 수 있기 때문이다.

필자가 한국 교육과 캐, 핀, 독 교육을 비교해보면서, 깨달은 놀라운 사실 중에 하나는, 우리도 발상의 전환을 하면 100% 무상교육 가능성이 충분하다는 것이었다.

본서의 저술 목적 중에 하나가 우리 국민의 교육비 짐을 몽땅 벗기고 아예 없애서, 영원히 교육비에 신경을 쓰지 않아도 되는 행복한 나라를 만드는 것이다.

그리고 이 막중대사가 본서에 제시하는 대안을 통해서 능히 가능하게 될 것임을 감히 확언한다.

02
한국의 100% 무상교육 가능성을
보여주는 사례

한국도 얼마든지 100% 무상교육이 가능하다. 이런 사실을 입증해 보여주는 기분 좋은 사례를 소개한다.

기독교에는 여러 교회들이 모인 총회라는 단체가 있다.

그중에 어떤 총회는 회원 모두 행복해 하는가 하면, 그와 달리 회원들 거의가 힘들어 하는 총회도 있다.

이해를 돕기 위해 이 두 총회를 행복총회와 부족총회라는 이름으로 소개한다.

행복총회는 모일 때마다 회원들 간에 웃음꽃이 피고 경제적 여유가 있고 유대가 잘돼 행복감을 느낀다.

반면에 부족총회 회원들은 만나도 웃을 일이 별로 없고, 경제적 여유도 없는데다 불만이 많다.

이유가 뭘까?

그 이유는, 복지제도를 시행하는 행복총회는 소속 교회가 모두 복지기금을 내서 복지제도를 통해서 모든 회원의 안정된 생활을 도모, 어려운 교회는 생활비를 지원하고, 자녀 양육비와 노후 생활비까지 보장해 주기 때문에, 회원 모두 만족해한다.

그러기 위해 행복총회는, 개 교회의 재산과 수입에 근거한 부담금을 부과하고 모든 회원은 기꺼이 복지 부담금을 납부하므로 회원 모두 안정된 생활의 혜택을 누린다.

반면에 부족총회는 다르다.

복지제도가 없어 각자도생 방식으로 회원 제각기 생활비를 해결한다.

큰 교회는 재정이 넘치지만 작은 교회 회원은 생활비와 자녀 양육과 교육비 해결에 고충이 큰데다 노후보장도 안 돼 미래가 암담한 불안 속에 산다.

부족총회가 행복총회 같이 되려면, 모두 안정되게 사는 행복총회의 복지제도를 배워서 실행하는 일은 필수로, 그렇게 하기까지 부족총회 회원들은 각자도생의 삶을 힘든 삶을 계속해야 할 것이다.

한 종교단체의 작은 집단 안에서도, 이렇게 복지제도 유무에 따라 삶의 행태와 행복도가 판이하게 다르다면, 거대한 국가조직의 구성원인 국민들의 행복에, 복지제도의 유무는 얼마나 지대한 영향을 미치겠는가?

행복총회와 부족총회를 한 국가의 축소판으로 본다면, 복지제도가 없는 나라는 부족총회 회원들처럼, 각자도생 방식의 힘든 삶을 살 수밖에 없다.

그러나 행복총회처럼 복지제도를 만들고, 서로가 배려하며 공존 공영하는 삶을 추구하면 부족총회도 불원간 행복총회와 같이 바뀌게 될 것이 분명하다.

2021년 현재 한국은 세계 11대 경제국이며 국민소득 3

만 불 시대를 살고 있다.

행복총회 같이 각자도생 생활 방식대신, 복지제도를 만들어 국가의 번영과 생활 안정과 양극화를 최소화 하는 국민행복을 도모한다면, 핀란드처럼 영구히 교육비 짐이 없는 행복한 나라로 능히 거듭나게 될 것이다.

제아무리 부강한 나라라도 복지제도를 만들지 않으면, 태반의 국민들이 각자도생의 힘든 삶을 살 수밖에 없다.

그러나 복지제도를 만들면 비록 국가 재정이 넉넉지 못한 약소국가라도 국민이 안정된 삶을 살 수 있음을, 이미 복지제도를 구축하여 복지구조를 활용하는 나라들이 여실히 보여 주고 있다

그 실례로 2019년 6월 8일자 경향신문에 게재 된 '아프리카의 작은 섬 복지 파라다이스 세이셸' 기사를 보면, 나라가 작고 일인당 국민 소득이 적어도, 복지제도를 만든 나라는 국민들이 안정되고 행복한 삶을 살 수 있음을 증명해 보여준다.

기사를 주목해 보자.

2018년 말 세이셸 노동자의 평균임금은 약 124만 원으로 우리 한국의 174만 원의 70%를 조금 넘는 수준이지만 이들 나라는 병원비는 물론 교육비로 개인의 돈을 지출해본 경험이 없다.

1976년 영국으로부터 독립한 후 40년 넘게 교육과 의료는 국가가 책임을 지는 복지정책을 고수하고 있기 때문이란다.

이 기사를 보면 우리한국도 얼마든지 100% 무상교육과 무상의료가 가능하다는 사실을 넉넉히 확인할 수 있은 것이다.

2014년 7월 17일자 경향신문에 실린 '쿠바는 한국보다 가난하지만 모든 국민에 무상의료' 기사 역시 비록 경제적으로 어려운 나라라 할지라도 의지만 있으면 무상교육을 할 수 있음을 보여준다. (어차피 지불되는 각자도생 교육비를 국가가 핀란드식 조세구조로 교육세금으로 받아서 복지 구조를 통해 해결하면, 온 국민이 평생 교육비에 대해 걱정할 필요가 없고, 영구히 짐도 되지 않는다.)

03
100% 무상교육의 행복!
한국도 얼마든지 누릴 수 있다

우리 국민들은 교육비 때문에 고민 고통하며 자녀 양육을 위한 희생을 감수하고 있고, 앞으로도 이 문제가 해결되기 전까지는 여전히 그럴 수밖에 없을 것이다.

넉넉지 못한 형편에 교육비 감당이 어려워, 대학생들이 땡볕의 아스팔트위에서 땀범벅 3보 1배로, 반값등록금을 낼 수 있도록 호소했지만 결과는 실망스러웠다.

기껏 서울 시립대 학생들에게만 반값등록금을 내게 한게 전부였다.

그런데 지구 저편 핀란드를 보니 우리와 전혀 차원이 다르다.

핀란드는 요람에서 무덤까지 100% 무상교육 시행으

로, 교육비 짐이 전혀 없고 이에 대해 영구히 자손 대대에 신경 쓸 필요조차 없다.

경쟁도 사교육도 일체의 교육비 부담도 없는 자국의 교육제도에, 핀란드 국민들은 로또에 당선된 것만큼이나 자랑스러워하는 자긍심을 갖고 있단다.

각자도생! 무거운 교육비 짐에 허덕이는 우리 국민들은, 이런 훌륭한 조세구조로 국민 모두 행복한 교육의 혜택을 누리는 핀란드 국민들을 부러워하며, 우리도 그런 날을 학수고대 하고 있다.

그러나 부러워하고, 기다리기만 하면 아무것도 달라지지 않는다.

그리고 중요한 것은, 핀란드가 교육비 부담 없는 교육 세상을 만든 성공사례를 숨김없이 보여주고는 있지만, 그렇다고 우리에게 자기들처럼 해서 교육비에 신경 쓸 일이 없는 교육세상을 만들어 살라고, 강권하지는 않는다는 사실을 유념하고, 우리 스스로 벤치마킹에 나설 때에야 우리도 비로소 달라지기 시작할 것이다.

핀란드 벤치마킹으로 교육천국을 만드는 여부는, 우리 국민의 선택에 달렸다.

그러므로 우리도 100% 무상교육이 가능한 나라를 소원한다면 결연(決然)히 일어나 담대한 도전을 시도해야만 한다.

그렇게 하면 벤치마킹의 복제 효과를 통해, 롤 모델 핀란드를 온전히 닮은 교육천국이라는 작품을 만들게 되고, 100% 무상교육으로 우리 모두가 흡족해하는 교육비 걱정과 짐이 없는 자랑스러운 교육세상을 만들 수 있다.

이런 가능성을 가진 우리가 핀란드에는 영구히 없는 교육비 걱정과 짐을 해결 못해서, 앞으로도 계속 각자도생으로 허덕이면서 힘들게 산다면 이는 얼마나 부끄럽고 안타까운 일인가?

04
100% 무상교육 시행은
'핀란드 조세구조' 벤치마킹으로
충분하다

교육비 문제에 있어서 우리와 핀란드 국민의 입장 차가 어떻게 이렇게 현저히 다를 수가 있는가? 비교해 보면서 깜짝 놀랄만한 기분 좋은 사실을 발견했다.

그것은 우리도 핀란드와 같은 조세구조를 만들기만 하면, 100% 무상교육 시행이 얼마든지 가능한 경제력과 저력을 보유하고 있다는 사실을 깨닫고 확인한 것이다.

요람에서 무덤까지 모든 국민의 안정된 생활을 보장하는 핀란드가 우리와 다른 차이는 다만 한 가지!

저들은 100% 무상교육이 가능한 조세구조를 국축해 보편복지를 시행하는 반면, 한국은 이 모두가 충분히 가능한 경제력을 이미 보유하고 있음에도 불구하고, 이런 중대 사실을 인식 못하여 간과하므로, 100% 무상교육 시행은 언감생심 꿈도 꾸지 못하고, 국민들이 각자도생 방식으로 교육비를 지출하면서, 핀란드에는 전혀 없는 짐을 짊어지고 계속 그 고통을 감수 하고 있다는 것뿐이다.

우리가 이렇게 된 데는, 온 국민이 교육비 걱정과 짐 없는 핀란드를 부러워만 하고 있었지, 우리도 무상교육이 가능하다는 사실을 인식하지 못하므로, 그 해결방안을 찾지도 않고 저들처럼 해보려는 엄두조차 내지 못한 것이 문제였던 것이다.

따라서 우리도 발상을 전환하여 핀란드의 놀라운 조세 구조를 벤치마킹 하므로, 한시바삐 100% 무상교육 시행이 가능한 나라를 만들어야 한다.

그러면 우리는 어떻게 하여 핀란드와 같이 완전 무상 교육을 조속히 실현할 수가 있을까?

본서에서 밝히는 그 해법은 매우 간단하지만 그 효과는 정확하고 놀라운 대안을 제시하는 것이다.

전국민 100% 무상교육 시행을 위해서 우리가 즉각적으로 취해야 할 조치는 무엇인가?

첫째, 한국도 핀란드의 조세구조를 벤치마킹하므로, 100% 무상교육이 충분히 가능하다는 사실을 국민들이 알고 확신하도록 계도해야 한다.

현재 한국은 핀란드가 완전 무상교육을 시작할 때보다 훨씬 많은 국민소득으로 충분한 경제력이 확보 된 상태이며, 능히 100% 무상교육을 시행할 행정적 저력도 갖추고 있다.

핀란드는 1972년부터 100% 무상교육을 시작했고, 그 때 일인당 국민 소득은 3,000불이었다. (2012. 3. 26. 한겨레신문) 이를 지금 2021년 화폐가치로 환산하면 2만 5천 불 내외에 이르는 액수다.

그렇다면 2021년 현재, 한국국민의 일인당 국민 소득이 3만 불이 넘는 것을 생각하면 만시지탄의 감이 있다.

둘째, 100% 무상교육 시행을 위해서는 반드시, 각자도

생의 교육비 지출 방식을 바꾸어, 핀란드처럼 100% 무
상교육 가능 조세구조를 구축하고, 교육 복지를 위한 세
금을 국민들로부터 징수하여, 복지 시스템을 통한 교육
비 지출로 국민들이 전혀 신경 쓸 필요가 없는, 100% 무
상교육 시행을 위한 기틀을 만들어야 한다.

특히 100% 무상교육 구조를 구축함에 있어서는 핀란
드의 조세구조를 제대로 벤치마킹할 필요가 있다.

핀란드는 납세제도에 있어서 우리와 다르게, 국민 각
자의 재산과 수입에 근거한 6등급으로 구분된 세금 납부
기준에 따른 차별적 누진세금을 부과하므로, 완전복지
시행에 필요한 국가 운영 재원까지 충분히 확보한다.

셋째, 핀란드의 무상교육에 필요한 재원 마련의 지혜
를 온전히 벤치마킹 해야 한다. 그렇다면 핀란드는 무상
교육에 필요한 충분한 재원을 어떻게 마련하는가?

핀란드는 100% 무상교육을 위해 부분적 증세를 도모
하지 않고, 유치원에서 대학 졸업 후 박사학위를 받을 때

까지 무상교육이 가능한 통 큰 조세구조를(수입의 50%를 육박하는) 구축하여, 온 국민의 교육비 문제를 일거에 완결하여 교육비 짐을 영구히 없게 만들었다.

　한국도 핀란드처럼 100% 무상교육을 시행하려면, 얼마나 재정이 필요한지를 교육당국은 국민들에게 소개해해야 하는데, 그런 통계자료 소지 여부에 대해 들어본 적이 없다.

　관련 자료가 없다면 100%무상교육을 위한 비용이 얼마나 되는지 계산하여 국민들에게 알리고 그 해법을 다함께 찾아야 한다.

　무엇보다 중요한 것은 우리 국민이 각자도생 감당하는 교육비를, 핀란드처럼 무상교육이 가능한 나라를 만들기 위해서 핀란드만큼만 세금을 내면, 우리 한국도 온 국민이 요람에서 무덤까지 완전무상교육에 필요한 충분한 재원이 확보 될 수 있다는 것은 기정사실이다.

　그리고 각자 도생 교육비 해결방식을 택한 우리 한국의 조세 부담률과, 100% 완전 무상교육을 위한 핀란드의 조세부담률은 거의 배가 넘는 차이를 보인다.

양국의 조세부담률을 비교해보면, 2010년 기준, GDP 대비 핀란드 44.5%와 한국 19.3%의 차이를 보인다. (선대인의 책『세금혁명』)

얼핏 보면 핀란드가 엄청나게 많은 세금을 내는 것 같아 보이지만, 사실은 그렇지 않음을 국민들에게 확실히 계도할 필요가 있다.

납세 액수에 있어서 갑절이 넘는 큰 차이를 보이므로, 핀란드 국민은 우리보다 25% 정도가 더 많은 44.5%의 세금을 내지만, 그 세금 속에는 우리 국민이 각자도생 방식으로 지불하는 교육비와 보편 복지비까지가 모두 포함되어 있기 때문에 우리보다 결코 많은 것이 아니다.

이를 바꿔 말하면 우리는 19.3%라는 적은 세금을 내지만 거기에 각자 도생방식으로 부담해야 하는 각종 명목의 교육비와 여타 의료비와 복지비를 합산한다면, 우리 국민이 지출하는 돈이, 핀란드 국민이 내는 44.5%에 세금에 비해, 결코 적지 않을 것이라는 것이다.

더구나 핀란드는 44.5% 조세구조로 무상교육뿐만이
아니라, 무상의료와 국민들의 생활안정과 노후보장까지
해결하여 많은 나라가 부러워하는 완전복지까지 시행하
고 있으니 말이다.

그렇다면 핀란드와 우리의 조세 부담률 차이를 세세
하게 계산할 것도 없이 쉽게 말해서, 우리도 핀란드 국
민만큼만 세금을 낸다면, 한국 역시 핀란드와 같은 보편
복지가 충분히 가능해지는 것은 너무도 자명한 기정사
실이다.

게다가 만약 우리가 핀란드처럼, 국민 각자의 재산과
수입에 따른 차등화 된 부의 정도에 비례하는 누진조세
구조를 구축하여 납세 할 경우, 조세 수입은 엄청나게 증
가 되어 복지 재원이 차고도 넘치도록 풍성해진다.

현재 한국의 세금으로 유지되는 모든 분야의 국가 운
영과 복지집행에 투입되는 재정에, 갑절의 재원이 추가
로 투입된다면 우리 대한민국도 핀란드 못지않은 보편복

지를 시행하는데 조금도 부족함이 없을 것이다.

이는 한국의 100% 무상교육뿐만 아니라 보편복지 시행을 생각할 때, 대단히 고무적인 현상이 아닐 수 없다.

또한, 핀란드와 한국의 조세 제도의 차이를 알고 배울 필요가 있다.

보편복지를 시행 하는 핀란드와 한국은 교통위반 스티커 한 장에서도 현저한 차이가 있다.

한국에서는 서민이나 갑부나 동일하게 몇 만원 내는 범칙금이, 핀란드의 경우 재벌에게는 2억5천만 원까지 부의 정도에 따라서 천차만별의 차이로 적용된다.

실례로 『핀란드 들여다보기』에 소개 된 경악할 이야기 하나가 있다.

핀란드에서 과속운전을 하면 재산을 탕진한다는 얘기가 있다. 단속카메라나 경찰에 걸리면, 재산과 소득에 비례한 벌금이 부가 되는데 핀란드 역사상 가장 많은 벌금을 낸 사람은 27세 실로노야 씨로, 그는 핀란드의 소시지 그룹 상속자로 벌금은 17만 유로로 당시 환율로 20만 4천 달러, 한국 돈 2억5천만 원이었으니 과속 한 번에 서울 변두리 아파트 한 채 값을 날린 셈이다. (후략)

핀란드와 같은 누진적 벌금제도는 스웨덴, 노르웨이, 덴마크 등 다른 북유럽 국가에서도 1920년부터 사용하고 있다.

이 사례에서 보듯이 이 누진적 제도는 벌금에서만 아니고, 국가운영과 사회복지를 위한 세금에도 재산과 소득을 기준으로 사회복지세가 누진적으로 부가되는데, 한국도 이런 조세구조를 제대로 벤치마킹 할 경우, 양극화도 사라지고 국가운영에 필요한 세금이 충분히 확보되어 100% 무상교육이 가능해지므로, 교육비 걱정과 짐을 한꺼번에 해결 하는 것이 결코 어려운 일이 아니게 된다.

그리고 한국은 핀란드처럼 자원납세 교육을 할 필요가 있다.

핀란드는 국민 각자가 납세를 통한 복지 혜택을 알고, 세금을 제대로 내는 것이야말로 실제적인 애국이라는 사실을 어려서부터 교육하므로, 학생들이 알바로 생긴 수입의 소득까지도 세무서에 자진신고 자원 납부를 하고, 모든 영세업자도 세금을 내는 것을 당연시하여 기쁨으로 성실납부를 한다.

그러나 한국은 수입이 있는 자영업자에게도 세금을 부과하지 않는 경우가 많다.

2015년 10월 21일 경향신문 사설, '근로자 780만 명 세금 한 푼 안냈는데도 복지 할 수 있나', 동 신문 동년 9월 4일 '상속, 증여 탈루액 4년간 10조 원', 동 신문 동년 10월 20일 '임대소득 960만 원에 세금 0원', 조선일보 2018년 12월 28일 '저소득 면세자 739 만 명'

이런 기사들을 보면, 우리도 납세가 얼마나 국가를 부강하게 하고 국민행복에 절대적으로 필요한 애국행위인지를 어린이 때부터 계도하여, 세금의 중요성을 일찍부터 숙지시킬 필요가 있다고 본다.

그리고 조세문제에 관해서 핀란드와 한국 국민에게 이런 중요한 질문을 하면, 어떤 대답들 할지 생각해 보는 것도 한 번은 꼭 필요할 것 같다.

핀란드인에게 "당신 나라 국민들은 한국인이 내는 세금보다 훨씬 많은, 갑절도 더 되는 세금을 부담해서 보편복지를 시행하는데, 세금이 아깝지 않은지? 지금이라도 한국인처럼 세금을 적게 내고 각자도생 복지로 돌아간다면 어떨지?" 묻는다면 어떤 대답을 할까?

그 대답은 예측해 보건대, 듣지 않아도 환히 알 것 같다.

그 이유는, 핀란드 국민이 보편복지를 위해 내는 50% 가까이 육박하는 세금이 아까워서 내기를 싫어했다면, 핀란드는 복지를 시행할 수도 없었을 것이고, 지금까지 복지시행이 지속되지도 못했을 것이기 때문이다.

저들은 한국과 같이 각자도생 방법이 아닌, 핀란드식 조세구조와 정책을 이해하고 국가를 신뢰하여 자신이 내는 세금으로, 국가 경제가 안정되고 국민 전체가 행복한 삶을 일생동안 보장 받는 것에 대해서 만족하고, 그런 자국의 복지제도에 대한 자부심을 갖고 있기에, 즐겁게 세금을 낸다고 대답할 것이다.

이번에는 한국인에게 "우리 한국도 핀란드처럼 지금보다 갑절이 넘는 세금을 내서라도, 100% 무상교육을 포함 의료, 노후보장 등 생활 전반의 안정을 보장받는 보편 복지가 가능하게 된다면, 기꺼이 핀란드 국민만큼 세금을 낼 용의가 있는지?" 물어보면 어떤 대답을 할까?

아마도 "핀란드 국민들처럼 100% 무상교육과 함께 생활 전반에 안정된 삶을 보장하는 완전복지가 제대로 시행만 된다면, 우리도 기꺼이 50% 이상의 세금이라도 내겠다." 대답하는 국민이 태반이지 않을까?

문제는 한국의 경우, 생활이 어려운 국민들이 "수입의 절반에 가까운 세금을 내고는 먹고 살 수가 없다"고 펄쩍 뛰며 반대할 것이라는 사실이다.

그러나 그 점은 크게 문제가 될 것이 없다.

그것은 핀란드처럼 재산과 수입에 따른 차등 조세구조를 통한, 합리적인 조세구조를 구축하여 제대로 된 복지를 시행케 되면, 오히려 생활이 어려운 국민들의 세금은 감면하고, 기본적 생활을 보장하는 기본소득을 지급하므로, 오히려 서민들도 더 살기 좋은 사회가 될 것이기 때문이다.

보편복지가 제대로 시행 되는 국가일수록 국민의 양극화 현상이 최소화 되고, 가난한 국민도 생활안정이 보장되므로, 살맛나는 세상이 되기 때문이다.

05
2021년 현재의 경제력으로도
100% 무상교육이 충분히 가능한 한국

핀란드 조세구조, 한 번 벤치마킹으로
한국도 100% 무상교육 가능하다

1972년 무상교육을 시작한 핀란드는 우리보다 국민소득이 훨씬 적을 때부터 100% 무상교육을 시행했다는 사실을 감안하면, 우리도 발상의 전환을 통해서 각자도생 교육비지출 방법 대신, 핀란드 조세구조를 벤치마킹하므로 100% 무상교육을 별 어려움 없이 시행 할 수가 있다.

필자는 한때 이런 생각을 해본 적이 있다.

한국 대학생들이 땡볕 아스팔트 위에서 반값등록금을 위해, 3보 1배 하는 뉴스를 보면서 우리 대학생들이 왜 아직도 저런 고생을 해야만 하나?

만약에 우리 한국의 경제력과 국민의 저력을 알고 있는 핀란드인이 있다면, 3보 1배 하는 대학생들을 보면서 이런 생각을 하지 않았을까?

"한국인들은 참 이상하다. 어찌 보면 참 딱하기도 하다. 조세구조만 우리처럼 바꾸면, 100% 무상교육은 물론 보편복지까지 가능한 세계 11대 경제대국의 대한민국이, 교육비 걱정과 짐을 못 면하고, 반값등록금 같은 조그만 문제도 해결 못해 쩔쩔매며 해마다 저 고생이라니!"

"온 국민이 평생 교육비 걱정과 짐 없이 사는 우릴 보면서도 한국인들은 왜 저렇게 각자도생 고생을 하면서 어렵게 사는가? 한 번만 우리처럼 '100% 무상교육 가능 조세구조'를 만들면 영구히 교육비에 신경 쓸 것이 없게 되는데, 그런 생각조차 못하는 한국인이 참으로 가엾다."

그러나 이젠 우리도 마음먹기에 따라서 100% 무상교육을 최단 시일에 시행할 수 있게 되었다. 그런 여력을 충분히 갖춘 우리 한국국민들은 이제 얼마든지 '더 이상 좋을 수 없는 교육세상'에서 살 수가 있게 될 것이다.

온 국민이 평생 교육비 짐이 전혀 없는 핀란드를 부러
워만 말고, 다 함께 힘을 모아 본서의 제안대로 곧 바로
핀란드 조세구조 벤치마킹을 시작하여, 교육비 걱정과
짐이 영구히 없는 100% 무상교육이 가능한 멋진 대한민
국을 만들어야 한다.

그러면 반값등록금 문제 같은 것쯤은 조족지혈이 아니
겠는가?

우리 한국은 지금의 경제력만으로도 100% 무상교육
이 충분히 가능하다는 사실을 모두가 인식해야 하고, 특
히 정치권에서 이에 주목하여 우리 조세구조를 핀란드식
으로 신속히 바꾸어, 핀란드와 같이 무상교육은 물론 무
상의료와 생활보장 복지까지 폭 넓게 보편복지를 시행할
수 있는 나라를 만드는데 총력을 기울여야 한다.

이는 2021년을 맞는 우리 한국이 당면한 가장 크고 시
급하며, 온 국민을 행복하게 하는 위대한 역사창조의 시
작이 될 것이기 때문이다.

그런 면에서 거대 여당의 국회가 구성돼 있는 지금이, 한국교육의 대 변혁을 가져올 천재일우의 하늘이 준 기회로, 우리 한국은 보편복지 구조를 구축할 수 있는 천시(天時)를 맞고 있는 것이다.

우리 대한민국도 100% 무상교육이 가능한 나라를 능히 만들 수 있다. 핀란드와 함께 세이셸과 쿠바를 생각해 보라.

그러면 우리가 가진 이 가능성은 얼마나 놀랍고 엄청난 것인가!

이 대안을 우리 교육당국과 정치권이 힘을 합하여 살려내기만 하면, 우리 한국의 교육 역사와 복지 역사를 새롭게 고쳐 쓰는 국가적 대업이 성취 될 것이다.

교육비 짐만 사라져도 우리 국민의 행복지수는 수직상승하게 된다.

제6장

대학입시지옥 OUT, 대학입시지옥과 대입 관련 문제가 전무한 교육세상 만들기

대학입시지옥은 대한민국의 수치!
영구히 없앨 수 있다

정말일까? 허황된 흰소리는 아닐까?

아직까지 어느 역대 정권도 해내지 못하고, 2021년 현재의 교육당국도 해결의 실마리조차도 찾지 못하고, 해마다 계속되는 대학입시지옥을 완전히 없애는 일은 엄두도 못 내고 있는 딱한 형편인데, 거기 관련된 모든 문제를 통쾌하게 일거에 영구히 완결해서, 대학입시지옥이 없는 한국교육을 만들 수 있다는 필자의 말이 사실일까?

의심스러운 분이 있다면 필자의 말을 특별히 경청해야 할 것이다.

대학입시지옥을 없애는 이 중차대한 일은, 수 십 년 계속 된 우리 한국의 교육지옥을 교육천국으로 바꾸고, 나아가 온 국민을 교육지옥에서 해방시켜 모든 교육의 짐을 일거에 몽땅 없애서, '더 이상 좋을 수 없는 교육세상'을 만드는 막중한 대안의 핵심이 되는 중요한 일이기 때문이다.

대학입시철마다 각 매스컴에서는 우리 국민을 수치스럽게 하는, 더는 보고 싶지 않은 사진과 기사가 보도 된다.

너른 공간에 인산인해를 이룬 대입 설명회, 수능 대박을 기원하는 학부모의 애절한 기도 모습, 수능을 위해 졸음을 쫓으려 서서 공부하는 학생 사진, 수능일 지각 학생을 태우고 달리는 퀵서비스 오토바이 등 사진과 함께.

수능에 관한 숱한 기사들. 대입전략컨설팅 비용 시간당 몇 백 만원, 정시 수시 비율, 불 수능 물 수능, 수능시험 난이도, 대학입시 공정성 등 대입관련 복잡한 문제에 관한 기사들 역시 더는 보고 싶지 않은 것들이다.

복잡한 미로 찾기 같이 학생, 학부모, 교사, 모두를 힘들게 하는 이 대학입시가 얼마나 지겨우면, "대학입시지옥"이라는 말까지 생겨났겠는가?

그런데도 우리 교육당국은 우리 국민을 이렇게 힘들게 하는 복잡하고 감당키 어려운 대학입시지옥을 해소하지 못한 채, 우리 국민 모두가 본의가 아니게 대학입시에 휘둘려서 수능 때만 되면 온 나라가 난리법석인데, 이것은 11대 경제대국으로 올림픽과 월드컵 같은 세계적 행사도 훌륭히 치러낸 우리 대한민국의 수치가 아닐 수 없다.

그 이유는 이런 우리와는 전혀 다르게, 국민 모두가 대학입시에 대해 조금도 신경을 쓸 필요가 없는 훌륭한 롤모델이 될 교육선진국이 이 지구촌에 엄존하고 있기 때문이다. 이 어찌된 일인가?

대학입시 없이 누구나 고민 고통 없이 원하는 대학에 갈 수 있고, 그래도 잘만 굴러가는 캐나다의 대입교육구조는, 한국 국민이 이 때문에 얼마나 거국적인 헛수고와 범국민적 바보짓을 해마다 계속하고 있는지? 생각하면 참으로 우리 국민을 부끄러운 심정이 되게 만든다.

캐나다 국민들은 우리들처럼 대학입시로 인해서 신경쓸 일이 전혀 없다.

저들을 제대로 벤치마킹 하면 우리도 대학입시지옥이 사라지게 된다.

캐나다는 우기가 그렇게 힘들어하는 대학입시지옥 문제가 완전히 해소(解消)되었기 때문이다.

그렇다면 우리가 대학입시지옥 문제를 완벽하게 영구히 완결하는 방법은 너무도 자명하지 않은가?

수능 없이 누구나 대학에 갈 수 있는 캐나다!

그래서 대입관련 문제가 전혀 없는 캐나다의 대학진학 교육구조를, 우리가 제대로 벤치마킹하여, 저들과 같은 무시험 대학진학 구조를 딱 한 번만 구축해 놓으면 우리 한국도 대학입시문제가 전무한, 온 국민이 영구히 신경 쓸 것이 없는 속편한 교육세상이 될 수밖에 없으니 말이다.

이보다 더 좋은 영구적이고 완벽한 대입문제 해결방안이 어디 또 있겠는가?

01
수능 때마다 난리법석!
대한민국, 이는 국가적 수치요
야만이다

이제 우리는 해마다 온 국민이 난리를 치르게 하는 한
국 수능이, 전 국민이 동원 되어 거국적인 헛수고를 벌이
는, 대한민국 역사상 가장 수치스럽고 바람직하지 못한
야만적 교육행사로 인식하고 이 문제를 총체적으로 영구
히 종결지어야 할 시점에 이르렀다.

'대학입시지옥'이란 말이 있을 만큼 우리 교육에 있어
서 대학입시는 가장 큰 고질적 문제요, 이는 수많은 교육
문제를 야기하고 키우는 숙주와도 같다.

생각해보면 한국의 대학입시 관련 문제는 쉬운 것이
하나도 없이, 모두가 국민을 힘들게 하는 것뿐이다.

특히 대입시험에 맞춰진 한국교육은 우리 학생들에게

엄청난 공부 짐을 메워서, 매일 매일을 힘겹게 만든다.

우리 한국은 언제까지 이런 대학입시지옥 문제를 해결하지 못하고, 이놈의 횡포에 온 국민이 다 같이 계속 휘둘리며 시달릴 것인가?

어떤 대학에 갈 수 있는지를 판가름 짓는 수능점수 1, 2점에 인생이 바뀌는 한국의 대학입시를 들여다보면, 변별력을 키우기 위해 꽈배기처럼 비틀어 놓은 난해한 문제들은 어른들도 풀기 어려운데다 시험시간까지 짧아서, 학생들에게 큰 부담이 되며 해마다 물 수능 불 수능 여론이 분분하다.

수능은 초등학교부터 대학진학이 끝나기까지, 학생, 학부모, 교사가 3위 1체가 되어, 함께 온갖 마음고생 몸고생을 하면서 역어내는 눈물겨운 민족드라마이면서, 또한 이는 한국국민들이 해마다 어김없이 벌이는 거대한 바보들의 행진이다.

한국의 대학입시는 전형 방법부터 시작해서, 수능을 치루고 대학입학이 결정될 때까지 전 과정이 미로 찾기처럼 어렵다.

그런데도 입시철이 되면 전국의 수험생들과 학부모들은 모두 이 거국적 행사의 주인공들이 되어 이에 그저 이성 없는 양 무리처럼 순응할 뿐이다.

대입 설명회마다 조그만 정보조각이라도 주우려는 학부모들이 거대한 체육관을 메워 인산인해를 이루고, 수능일이 가까워지면 수능대박을 위한 응원전이 전국에서 펼쳐져 교회에서는 목이 쉬게 기도하고, 사찰에서는 무릎 아프게 절을 하고, 성당에서는 수능 행운을 비는 촛불이 타오르는 이 미신 같은 일들이 이제는 국가적 연례행사가 돼버렸다.

올림픽과 월드컵까지 훌륭히 치러낸 우리 한국 국민들이 이렇게 수십 년을 바보처럼 살다니 이게 도대체 무슨 해괴망측한 짓들인가?

언제까지 이래야 하는가?

지금까지 그렇게 산 것으로 족하다.

이제는 더 이상 이런 범국민적 바보짓을 하지 않도록, 대학입시지옥을 완전히 종식시켜야 한다.

그러려면 지금까지 우리 한국이 이를 해결하기 위해서 시도해본, 지엽적인 문제의 해결방식을 계속 고수할 것이 아니라, 대학입시지옥의 핵심이 되는 수능을 완전히 없애버리므로, 이 문제를 이미 근본적이고 총체적으로 완벽하게 해결한 나라를 찾아 벤치마킹 하는 것이, 문제 해결의 첩경이요 가장 쉽고 빠르고 확실한 대안이 될 것이다.

이 일에 필요한 최적의 롤 모델은 아무리 보아도 캐나다가 제격이다.

캐나다는 우리가 갖고 있는 대입문제로 신경 쓸 것이 전혀 없는 나라다.

대학입시 자체를 없애버려서 대입시험 없이 누구나 원하는 대학을 선택해서 갈 수 있는 이 나라는 우리 국민들이 고민 고통 하는 대학입시지옥이 없고, 대입 관련 문제도 없고, 대학 진학 관련 기사를 매스컴에서 찾아보기조차도 어렵기 때문이다.

이렇게 대학입시 자체를 없애서 자유를 누리는 캐나다 국민의 입장에서, 우리가 해마다 요란하고 거창하게 대학입시를 위해 철인경기 치르듯 생고생하는 것을 보면서 어떤 생각을 할까?

자기들처럼 대학입시 하나만 없애면 전혀 신경 쓸 필요조차 없는, 공연한 헛수고를 매년 거국적으로 벌이는 한국인들의 대입시험을 위한, 모든 행태의 일거수일투족이 참으로 어리석고 멍청한 범국민적 바보짓으로 여겨질 것이 아닌가?
우리 모두 이 문제에 대해서 심각하게 묻고 진솔하게 답해야 한다.

이 일을 생각하면 우리 교육당국과 국민들 모두가 정말 부끄럽지 않은가?
필자는 정말 안타깝고 수치스럽다.
그리고 우리 국민들이 이것이 정말 부끄러운 일인 줄

알고 대오 각성할 때에야, 비로소 이 야만적인 대학입시 문제를 온전히 해결할 수 있고, 그 짐을 벗고 영원히 완전 자유하게 될 것이다.

수능일은 해마다 어김없이 비상이 걸리는 거국적 행사로 굳어졌고, 범국민적 관심사가 된 이 소식을 전하는 매스컴은, 수능 시행 훨씬 전부터 끝난 뒤 대학입시가 완료될 때까지, 신문은 대서특필하고 TV는 특집보도로 분주하다.

엄밀히 따지고 보면 고등학생이 대학생이 되는 이 간단한 일로 이렇게 온 나라가 북새통 난리를 치르지만, 이를 단순화 하거나 근본적으로 해결할 대안이 없을 뿐만 아니라, 날이 갈수록 대학입시는 더 어렵고 복잡하게 진화되어 이제는 많은 국민이 "그만 좀 바꿔라" 외치며 넌더리를 내고 있으니 이것이 정상인가? 참으로 민망한 일이다.

도대체 언제까지 자승자박의 이런 고약한 대학입시 제

도의 틀에 갇혀 헤어나질 못하고, 수 십 년을 온 나라가 야단법석, 온 국민을 헛고생 시키는 이 원시적인 구닥다리 교육구조를 바꾸지 못하고, 이 모양 이 꼴로 살아가려는가?

우리 국민들이 매년 대학입시철마다 어김없이 벌리는 이 구태의연한 교육행태가, 대학입시를 벌써 없애버려서 이에 관해서 일체의 매스컴이 보도할 문제가 전혀 없어, 신문도 TV도 모두 침묵하는 캐나다 입시철의 평온함을 생각하면, 이들 국민들의 눈에 한국의 수능이 야만적인 모습으로 비쳐질 것임을 감안한다면, 이제는 우리 모두 잠잠치 말고 이문제의 해결에 과감히 나서는 것이 마땅하다.

더도 말고 딱 한 번만 대학입시 없는 대학진학이 가능하도록 대입시험 자체를 없애버린 캐나다를 벤치마킹 하면, 영구적으로 대입관련 문제가 송두리째 사라지고, 다시는 이 문제에 대해 신경 쓸 일이 없게 된다.

그런데도 왜 우리 교육당국은, 해마다 온 국민이 동원

되는 거국적인 헛고생과, 엄청난 국가적 에너지가 소모되는 범국민적 바보짓을 계속하도록 묵과하고 있는지? 이는 엄연한 직무유기가 아닐 수 없다.

더구나 수능점수가 나와야 그 점수에 따라서 진학할 대학을 정할 수 있는, 이 말도 안 되는 교육구조는 또 얼마나 비정상적인 것인가?

적어도 전공과목은 고등학교 입학 전에 벌써 확정되어야 마땅하니까 말이다.

이 일을 생각하면 참으로 답답하다.

필자는 이런 사실을 깨달았을 때, "우린 참 바보처럼 살았군요."라는 노래 가사가 생각났다. 왜 우리 교육은 왜 이지경인가?

그 이유를 밝히고 이 대학입시지옥을 말끔히 없애고, 대입 관련 문제를 통쾌하게 해소하는 확실한 대안을 명쾌히 제시하는 것이 본서의 저술 목적이요 궁극적 사명이다.

02
거국적 헛수고,
범국민적 바보짓 하게 하는
한국의 대학입시

대한민국 국민은 대학입시에 관해서 만큼은 국민 전체가, 교육바보로 살고 있다고 해도 과언(過言)이 아니다.

이런 외람된 말을 감히 할 수 있는 이유는, 한국국민은 지금 대학입시에 대한 고민과 고통을 겪을 이유가 전혀 없기 때문이고, 우리 교육당국이 대학입시에 대처하는 야만적 방식과 모든 잘못된 행태를, 한 번만 대오각성하여 바로 잡으면 영구히 이 문제에서 벗어나 영원히 자유로워질 수가 있는데도, 그렇게 하지 못하기 때문이다.

단도직입적으로 말하면, 대학입시 없이 대학에 가는 캐나다 국민의 눈으로 볼 때, 우리 국민들이 대학입시를 치르기 위해서 행하는 거개의 일은 쓸데없는 짓으로, 이는 한국 국민 대다수가 거국적으로 벌리는 헛수고요 헛고생이기 때문이다.

결론적으로 한 번 더 말하면 캐나다처럼 대학입시가 없는 대학진학 구조를 딱 한 번만 만들면, 한국도 대학입시지옥과 함께, 거기 관련된 문제가 봄 눈 녹듯 그 자취를 감추게 될 것이니 말이다.

이 사실을 알지 못하거나 간과하는 소경 교육부가, 대학입시라는 괴물이 한국 국민이 거국적 헛수고를 하도록 매년 횡포를 부리는데도 이를 막지 못하고, 속수무책으로 방관하는 심각한 직무유기를 수 십 년간 범하고 있음을 우리 국민이 직시해야 하고, 이렇게 무능한 소경 교육당국의 각성을 촉구해야 한다.

한국 교육당국은 속히 캐나다의 무시험 대학진학 구조를 벤치마킹 하여, 대학입시에 관련 된 문제를 일거에 완결, 대학진학에 관한 기사가 매스컴에 보도조차 되지 않는, 온 국민이 속편하고 맘 편한 교육세상을 조속히 만들어야 한다.

그렇게 해서 우리 한국국민들이 총 동원되어 해마다 벌이는 거국적 헛수고와, 범국민적 바보짓의 부끄러운 행렬을 영구히 멈춰야 한다. 이것은 2021년을 사는 우리 국민들이 공동으로 부여받은 교육개혁의 사명이 아닐 수 없다.

언제까지 우리 대한민국은 대학입시지옥을 그대로 둔 채, 해마다 겪는 거국적 헛수고와 범국민적 바보짓의 수치를 나 몰라라 할 것인가?
교육당국은 즉시 수능이 없는 대학진학구조를 확실히 구축해야만 한다.

03
대학입시 없이도 잘 굴러가는
훌륭한 캐나다 교육

우리 한국은 대학입시지옥이라고 할 정도로 국민을 힘들게 하는 대학입시에 대해서 왜 이것이 필요한지? 그 필요성 여부를 규명하여 확정(廓正)할 필요가 있고 그 결과에 따라서, 말도 많고 탈도 많은 현행 우리대학입시가 실효성이 없는 후진국 형 교육제도로 국민을 힘들게 한다면, 과감히 폐기하고 온 국민이 흡족해서 OK 할 수 있는 선진국형 무시험 대학진학 교육구조로 신속히 전환하는 것은 너무도 당연하다.

심각한 경쟁을 야기하고 강화하며, 이를 통해서 사교육이 필연적으로 생성되게 하고, 그로 인해서 공부거리의 짐을 크게 확대시켜 학생들을 곤고하게 만드는 등 수

많은 문제를 유발하는 대학입시를, 그대로 고수해야만 바람직한 교육이 이루어지는 것은 아닐 것이다.

캐나다가 한 것처럼, 우리 교육문제의 주범이 되는 대학입시를 완전히 없애버리면 우리 교육이 크게 잘못되기라도 하는가?

우리 학생들 실력이 형편없이 저하 되기라도 하는가?

캐나다의 대학진학제도와 우리 것을 냉철히 비교 분석하고, 그 결과를 통해서 우리가 수십 년 고수해 온 현행 대학입시가 바람직하지 못하고 비효율적이라면, 과감히 폐기하고, 캐나다의 대입제도를 벤치마킹 하므로 우리가 갖고 있는 대학입시 관련 문제를 일거에 말끔히 완결, 모든 짐을 벗고 영구히 대입문제로 인해 더는 신경쓸 것이 없는 이상적인 대학진학구조로 하루 빨리 전환해야 한다.

이 일에 대해서 필자는 조금도 망설임 없이, 지금의 문제투성이 현행 한국의 대학입시를 과감히 폐지하고, 캐나다식 대입제도를 신속히 벤치마킹하므로, 대한민국을 온 국민이 행복한 교육세상으로 만들 것을 강력히 촉구하며 강권한다.

그 이유는 캐나다 고3과 한국 고3 학생의 학교생활 모습을 이미 비교해서 제시했거나와, 방학에 고3이 학교에 안 가고 알바로 여행도 가고 운동과 취미생활도 마음껏 하는 캐나다!

선생님들도 방학이면 모든 학교가 문을 닫고 자유롭게 방학을 보내면서도 배울 것은 다 배우는 여유롭고 자유로운 진정 행복한 교육세상을 만드는 기초가, 대학입시 없앤 대학진학교육구조가 그 밑바탕을 이루고 있다고 보기 때문이다.

대학입시를 없애므로 얻게 되는 유익함은 한두 가지에 그치지 않는다.

대입 관련 문제가 일거에 해소 되는 것은 물론이고, 가장 큰 교육문제인 경쟁, 사교육, 공부거리 짐을 없애는 일을 수행하는 데 있어 땅 짚고 헤엄치기 식으로 아주 쉽게 만드는 결정적 도움이 될 것이고, 이는 교육정상화와 천국화를 위한 필수과정이 될 수밖에 없기 때문이다.

캐나다의 교육에 대해서 알면 알수록 매력이 생기고, 제대로 벤치마킹하면 우리 교육에 대 변혁이 일어날 것이란 확신을 갖게 된다.

대학입시를 없앤 캐나다 학생과 학부모와 교사가 얼마나 행복한 교육세상의 축복을 누리는지는, 캐나다 관련 서적에 적나라하게 소개 돼 있다.

아무튼 대학입시를 없애고 무시험으로 대학에 가는 캐나다 학생들은 행복하고, 그런 교육구조 속에서도 세계가 인정하는 바람직한 교육이 이루어지고 있다.

그렇다면 우리 한국교육당국과 국민들이 해야 할 일은 자명해졌으니, 대학입시라는 거침돌을 치워버리는 일을 망설일 이유가 없지 않은가?

캐나다처럼 대학입시 없이도 잘 굴러가는 행복한 교육세상을 우리 대한민국도 이젠 만들 때가 되었고, 우리도 얼마든지 그렇게 할 수 있다.

 수능 없이 누구나 원하는 대학에 갈수 있는 세상의 행
복을 우리 학생들이 누릴 수 있도록, 교육당국이 분발
하여 이를 촉진하여서 대한민국 국민이 수능을 위해 연
례행사로 벌리는 '범국민적 바보드라마'의 막을 내리기
바란다.

 대학입시지옥 OUT!
 수능 없는 대학진학구조 구축을 축하! 축하!

04
캐나다식 무시험 대학진학구조!
딱 한 번 구축으로 대학입시지옥 끝

어떻게 대학입시를 없애나

한국이 대학입시지옥을 없애고 거기 관련된 수많은 문제를 일거에 해결하기 원한다면, 어찌하든지 어떤 대가를 지불하고서라도 캐나다의 무시험 대학입학 교육구조를 딱 한 번만 제대로 벤치마킹해서 구축(構築)하면 된다.

이 일에 성공하면 대한민국에서 연례행사로 치르는 대학입시에 관련된 모든 문제가 통쾌하게 해소 되어, 범국민적 헛수고와 노력이 일체 필요 없게 되고, 모든 학습자가 자신의 꿈을 이루는 데 필요한, 맞춤형 실용교육으로 행복한 교육 과정을 통한 맞춤형 성공자가 될 수가 있다.

수능 없는 대학진학 구조 구축만으로도 대입 관련 모

든 문제가 일거에 사라지는 것은 물론이요, 이로 인해서 한국교육 문제의 태반이 아주 쉽게 풀리게 될 것이다.

그렇게 되면 우리 한국국민들은 교육의 짐 중에 가장 무거운 짐, 대학입시의 짐을 몽땅 벗고, 대학입시에 더 이상 신경 쓰지 않고도, 행복한 교육이 이루어지는 순리적 교육의 기쁨을 자자손손 누리게 되는 것이다.

대입시험 없는 한국교육! 상상만 해도 홀가분하고 유쾌하지 않는가?

대학입시지옥! 캐나다 교육구조 벤치마킹으로 완벽하게 없앨 수 있다.

대학입시지옥은 이제 영구히 막을 내리자.

제7장

공부거리 짐 OUT,
학생들 공부거리 짐
없애주기

학생들의 공부 짐을 가볍게 줄여
즐겁게 만들어주자

짐이 많은 사람은 힘들다. 공자님은 배움은 즐거운 것이라 하셨지만, 그래도 공부할 게 너무 많아져 짐이 되면 고역이 된다.

그것도 수 년 동안이나 10년 넘게 짐을 져야 한다면 이는 더 말할 것도 없다.

한참 배움의 즐거움을 만끽해야 할 한국 학생들 행복지수가 OECD 국가 중 최하위임을 생각하면, 과다한 공부 짐을 적절히 조절해 주는 것이, 행복지수를 높이는 데 방안이 될 것이라 생각된다.

우리 학생들 공부거리 짐은 캐, 핀, 독, 3국에 비해 훨씬 무겁고, 공부 시간 역시 많이 길다. 더구나 학원공부 시간까지 합치면 학생들 공부는 중노동과 다름없다.

수능이 가까워질수록 극심해지는 경쟁학습은 사교육과 선행학습으로 학생들의 공부거리를 무겁게 만들어, 마치 공부하는 기계처럼 살면서, 먹고 자고 운동할 시간조차 아까워 동동거리게 만든다.

아무리 공부가 중요해도 먹고 자는 것도 맘대로 못하

고, 미래의 영롱한 꿈을 꾸는 시간조차 가질 수 없이, 오로지 공부에만 올인 하는 것은 비정상이다.

그러니 학생들의 이 무거운 공부거리 짐을 조금만 줄여주어도, 행복지수는 훨씬 높아질 것이다.

공부 짐이 무거워 번 아웃(burn out) 되는 우리 학생들 짐을 어떻게 하면 획기적으로 줄일 수 있는지? 그 방안을 제시한다.

01
교과서 제작부터
공부거리 짐을 없애야 한다

  초등학교부터 고교까지 학습 전 과정 교과서를, 중요한 알짜 지식과 꼭 필요한 정보만을, 모든 학생이 즐겁게 습득하도록, 이해하기 쉽고 재미있게 제작, 충분히 놀면서도 학습과정을 능히 소화 할 수 있게, 교과서 제작 시작부터 공부거리 짐을 최소화 하는 배려가 필요하다.

  선진국과 비교해 보면, 우리 학생들 공부거리가 저들보다 훨씬 많고, 공부 시간도 길고 학습내용도 어렵다는 게 다수 의견이다.
  초, 중, 고 교과서를 모조리 검토, 어려운 내용은 이해하기 쉽게 바꾸고 불필요한 내용은 과감히 삭제, 군더더기 없는 실용적이고 알찬 교과서를 보급해야 한다.

02
공부 짐을 해결해 주는
독학습용 동영상 CD를
보급해야 한다

저자가 창안한 '교육 전 과정의 전 학년 독학습용 만능 동영상 강의 CD' 보급으로 자신이 잘 모르는 것과 확실히 알고 싶은 것은, 이 CD를 통해서 언제 어디서든지 계속 보고 듣고 복습하므로, 마치 개인교수가 곁에서 이해가 될 때까지 반복해서 설명해 주는 것과 꼭 같은 효과를 항시 얻을 수 있도록 하여, 모든 학생들이 독학습 가능 CD의 도움을 받을 수 있으므로, 사교육과 선행학습이 필요 없게 되어, 공부거리 짐이 파격적으로 줄게 된다.

이는 '코로나19'같은 비상시의 비대면 학습에도, 학생들이 홀로 자습할 수 있으므로 학습 진도를 계속 진행해 나갈 수가 있어서, 어떤 상황에서도 흔들림 없는 공교육 학습을 가능케 할 것이다.

이 독학습용 만능 동영상 강의 CD의 활용을 극대화 하므로, 학생들은 언제 어디서든지 최고의 강사가 가장 쉽고 자세하게 설명해주는 강의를 들을 수 있어, 전천후 학습효과를 얻게 해주는 맞춤형 개인교수를 거느린 것과 같아서, 공부거리가 결코 짐이 되지 않게 된다.

이는 사교육근절의 근본적 대안이기도 하다.

03
캐나다식 무시험 대학진학
교육구조를 만든다

캐나다 고3의 생활상이 공부거리 짐 없는 학생의 완벽한 롤 모델이다. 대학입시 부담이 없는 캐나다 고3의 공부의 짐은, 일반 초등학생과 별반 다를 게 없다. 방학에 학교에 한 번도 가지 않고 알바로 돈 모아 여행도 가고, 고3이 각자 취미생활로 각종 댄스도 배울 수 있을 정도로 여유가 있으니, 캐나다 학생들은 누구나 공부의 짐이 없는 것과 같다.

대학입시를 없애는 것이야말로 가장 바람직한 교육의 대변혁으로, 이는 공부거리 짐을 획기적으로 줄이는 영구적인 최선의 해결방안이다. 캐나다를 벤치마킹해서 수능을 폐지하여, 사교육이 필요 없는 교육구조만 만들어도 학생들의 공부거리 짐은 거의 절반으로 줄어들게 된다.

04
독일 6점제 학습평가로
사교육 근절,
공부 짐 줄인다

　사교육으로 인한 공부거리 짐만 벗겨줘도 우리 학생들은 춤을 출 것이다.

　사교육이야 말로 우리 학생들의 공부거리 짐을 무겁게 하는 원흉이 아닌가?

　사교육은 물론 일체의 선행학습도 용납하지 않는 독일 학생들의 영혼은 자유롭다.

　우리 학생들에게 사교육 학원공부가 완전히 없어진다고 상상해 보라. 공부의 짐이 확 줄은 학생들의 기쁨이 하늘을 뚫을 것이다.

05
운전학원식 학습과
검정고시 방식 학습평가로
공부 짐을 줄인다

　운전면허학원에 다니는 사람은 공부거리 짐이 없다. 학원에서 가르쳐주는 대로 배워 필기시험에 60점만 받으면 합격, 실기도 조교가 가르쳐주는 대로 하여 면허를 따면 공부는 끝이다. 나머지는 스스로 알아서 모두 오너드라이버가 된다.

　검정고시를 위해 공부하는 사람도, 자신이 독학습으로 공부하여 시험에 합격하면, 일반 학교 졸업 학력자와 같이 인정받는다.

　모두 억지공부의 짐이 전혀 없다. 이 두 가지 학습과 평가 방식을 공교육 시행 학교에서도 적용하면 공부거리 짐이 없는 교육세상이 된다.

06
모든 걸 잘하게 하려는
'평균점수 우등생 제도'를
바꿔야 한다

지금까지 한국교육은 지식의 다다익선을 추구해왔다.

그 결과 평균점수가 높은 학생을 우등생으로 우대하고, 모든 학생이 전 과목 평균점수 우등생이 되도록 100점 만점 학습평가를 시행해왔다.

그러나 모든 학생이 전 과목 공부를 다 잘하기는 어렵고, 또 모든 과목의 공부를 다 잘할 필요도 없는 것이 많다.

학교에서 여러 과목을 공부 하지만, 사회에 나오면 자신의 삶에 불필요한 공부거리도 많았음을 알게 된다. 교육과정을 마친 태반의 사람이 주로 자신이 전공한 지식이나 기술로 평생을 살아가기 때문이다.

프로의 세계에선 더욱 그렇다. 이것저것 조금씩 다 잘하는 사람은 아마추어로 쓸모가 별로 없다.

프로의 세계에서는 이런 사람을 반거충이로 간주한다.

사실 한 분야에 프로가 된 사람은 이것저것 다할 수도 없고, 다 잘할 수는 더욱 없다. 그리고 한 분야에서만 최고의 프로, 명장, 제1인자, 달인이 되기 위해 하나를 선택한 오직 그 한 분야의 하나에 올인 한 사람들이 프로가 된다.

그런데 왜 대한민국은 모든 학생을, 대학에 갈 때까지 모든 과목의 모든 공부거리를 다 잘하게 하려고 경쟁을 붙이고, 시험성적으로 우열을 가리며 등급을 매겨서, 뭐든 다 잘하는 평균점수가 높은 지식 우등생을 만들려 안달하나?

평균점수 우등생 제도는 천부적 재능을 가진 천재의 능력을 극대화시키는 데 가장 큰 적이 되고, 이것은 사실 거반의 학생을 프로가 아닌 아마추어나 반거충이를 만드는 것과 같은, 불량한 학습 방식이 아닌가?

그렇다면 대학입학을 어렵게 하는 수능부터 없애야 하고, 평균점수 높낮이로 학력을 평가해 그 점수에 따라 등급을 나누고 대학선택여부를 결정하므로, 한 분야에서 만큼은 천재성을 발휘할 가능성을 가진 각자의 천재성을 죽이는, 치명적인 결함을 가진 수능과, 평균점수 우수생 제도는 당연히 폐지돼야 한다.

선풍적인 인기를 끌고 있는 국민가수 김연자의 히트곡 '아모르파티' 중에 "모든 것을 다 잘할 순 없어, 어제 보다나은 오늘이면 돼"라는 가사가 있다.

한국교육이 학생들을 행복하게 하기 위해서는 "다다익선 지식축적 공부"보다, 이제는 기본적인 학습을 충실히 마친 후에는 (늦어도 고교부터는) 자기의 꿈을 이루는데 필요한 자신의 적성에 맞는 마이웨이를 갈 수 있도록, 가장 잘 할 수 있는 공부로, 자신의 잠재력을 극대화 시킬 수 있는 몇 가지학습을 선택 집중하게 하므로 한 분야에서 만큼은 타의 추종을 불허하는 프로가 되게 하게 하는 획기적 조치가 필요하다.

그리고 그것을 가능케 하는 데는, 본서가 제시하는 대

로 캐, 핀, 독의 교육구조와 정책을 제대로 벤치마킹하는 것을 기본과 필수로 해야만 할 것이다.

이제는 최첨단 기기 활용과 규제 혁신으로 공부거리를 파격적으로 줄여주고, 스스로 공부하는 법만 알려주면 학생들이 귀신 같이 알아서 잘 한다. 초등학생들까지 유튜브를 하는 시대가 아닌가?

발상의 전환만 하면 학교라는 공간과 공부 시간에 제한을 받지 않고도, 무엇이든지 필요한 것을 맞춤형으로 잘 배울 수 있는 실용 교육으로 공부 짐을 줄여서, 학생들 모두 즐거운 학습을 하며 학창시절을 알차게 가꿀 수가 있도록 배려해 줄 수가 있을 것이다.

고기 잡는 법만 확실히 알려주면 나머지는 학생들 스스로 알아서 잘 한다. 운전면허만 받게 하면 나머지는 다 알아서 오너드라이버가 된다.

그러니 학교에서는 공부거리 짐이 없도록, 기본만 제대로 알려주면 된다.

에필로그

한국교육 가시밭길은 끝!
꽃향기 진동하는
찬란한 새 교육의 꽃길이
활짝 열린다

캐, 핀, 독, 태양이 다섯 눈사람을 녹이는 그림을 보며, 커다란 눈사람이 마구 녹아내리는 장면을 상상해 보시라.

아무리 거대한 눈사람도, 해만 불끈 떠오르면 잠시 후 흐물흐물 녹아 버린다.

본서에 제시한 대로 캐, 핀, 독 교육의 장점을 융합해 만든, '한국교육정상화와 천국화 모둠개혁 대안'은 '한국교육 5대 문제 라는 다섯 눈사람'을 녹이는 태양과 같아서, 우리 교육에 적용하는 순간부터, 여러 잡다한 문제를 품고 있는 '한국교육 5대 문제'는 단시간에 해결될 것이다.

캐, 핀, 독 교육을 벤치마킹 하여 그 장점을 융합하면, 성적경쟁 스트레스가 없고, 일체의 사교육이 영구 근절되고, 어떤 형태의 선행 학습도 원천봉쇄 되어 학원공화국시대가 종막을 고하고, 사교육은 역사의 뒤안길로 사라진다.

온 국민이 각자도생 허덕이던 교육비 짐을 완전히 벗

고, 100% 무상교육을 시행하는, 선진화 된 조국에서 누구나 교육비 걱정 없이 마음껏 원하는 공부를 마음 놓고 할 수 있게 된다.

무시험 대학진학으로 누구든 원하는 대학에, 운전학원처럼 쉽게 들어가서 배우고 싶은 것만 필요한 만큼 배우면 되는 맞춤형 실용교육구조가 이루어져, 대학입시지옥이 없어지고, 여러 관련 문제가 일소 되어, 대학진학이 마치 초등생이 한 학년 올라가는 것 같은 일상이 되므로, 그 관련기사가 매스컴에 보도조차 되지 않는, 꿈같은 교육세상이 도래(到來) 할 것이다.

그리하여 경쟁이 없고, 사교육이 없고, 교육비 짐이 없고. 대입시험이 없고, 공부거리 짐이 없는, 그래서 더 이상 교육문제에 신경 쓸 것이 없는 5무(五無) 교육천국(教育天國)이요 더 이상 좋을 수 없는 교육낙원이 드디어 탄생되는 것이다.

그런 교육낙원이 되면, 거기서 살게 된 우리 학생, 학부모, 선생님들 모두 얼마나 행복해 할지 상상만 해도 즐겁다.

무거운 공부 짐에서 해방된 학생들은, 학교에 오랜 시간 갇혀 있지 않아도 되고, 학습 전 과정이 자유학기제 같이 되어, 고삐 풀린 초원의 망아지처럼 너른 세상을 달리며 소리치고 노래하며, 다양한 경험을 하면서도 배울 것은 다 배우는 사반공배(事半功倍)의 맞춤형 실용학습의 자유와 기쁨을 만끽할 것이고.

교육비 짐과 자녀 교육에 노심초사하던 학부모들은, 100% 무상교육이 시행되는 대한민국에서, 각자도생 감당하느라 고생하던 교육비 짐을 몽땅 벗고, 영원히 교육비 걱정과 자녀 공부에 신경 쓸 것이 없게 되므로 홀가분한 심신으로, 하하호호 희희낙락 할 것이고.

교육정상화로 사교육에 빼앗겼던 교권(教權)을 되찾은 선생님들은 다양한 창의적 학습으로, 제자들의 숨겨진 잠재력을 극대화 하는 맞춤형지도의 보람이 주는, 참 교육의 기쁨에 그 얼굴이 보름달처럼 빛날 것이다.

2021년을 맞은 우리 세대에서 이 위대한 일이 완결 된다면, 우리는 교육지옥을 교육낙원으로 멋지게 혁신한 선조(先祖)로써, 한국교육역사를 새롭게 고쳐 쓴 자랑스러운 세대로, 우리 후손들에게 오래도록 기억 될 것이다.

그렇게 되면 우리 교육의 5대 문제가 모두 완결 되어, 교육 제반사는 몰라보게 달라질 것이고, 국민 행복지수는 급상승하고, 저 출산 현상은 저절로 해소되고 인구절벽도 교육양극화와 함께 스스로 자취를 감추게 되어, 교육낙원으로 바뀐 대한민국에서 우리 국민 모두 제각기, 맞춤형 꿈을 이루는 날개를 단 프로로 대성하여, 자기 분야에서 제1인자로 인정받는 승자로써, 모든 문제가 해결 된 교육낙원에서 참 교육의 행복을 만끽하는 주인공으로 멋진 삶을 살게 된다.

그러니 모든 교육의 고민과 짐을 몽땅 벗어 던질 수 있게, 교육지옥에 종지부를 찍고, 하하호호 참 교육의 기쁨을 노래하는 교육세상을 만들어, 이제부터는 교육낙원에서 살아보자.

그날이 오면!

교육에 문외한이던 필자가, 우리 한국을 더 이상 좋을 수 없는 교육세상으로 바꾸는 착한 해결사가 되도록 천명을 깨닫게 해준 그 소녀도, 본서를 통해 온 국민이 기뻐하는, 새롭게 탄생한 교육낙원 대한민국을 내려다보며, 그 눈에서 맑은 눈물을 닦고 생긋이 밝은 미소를 지으리라.

그때서야 저자인 나는 비로소 본서가 빚어낸, 온 국민이 행복해하는 새로운 교육세상을 바라보면서, 테렌스영 감독처럼 하나님의 크신 은혜에 감격하여 감사의 눈물로, 마음껏 소리 내어 엉엉 울어볼 것이다.

교육낙원 가는 길

오태진 지음

발 행 처 · 도서출판 **청어**
발 행 인 · 이영철
영　　업 · 이동호
홍　　보 · 천성래
기　　획 · 남기환
편　　집 · 방세화
디 자 인 · 이수빈 | 김영은
제작이사 · 공병한
인　　쇄 · 두리터

등　　록 · 1999년 5월 3일
(제321-3210000251001999000063호)

1판 1쇄 발행 · 2021년 11월 20일

주　　소 · 서울특별시 서초구 남부순환로 364길 8-15 동일빌딩 2층
대표전화 · 02-586-0477
팩시밀리 · 0303-0942-0478

홈페이지 · www.chungeobook.com
E-mail · ppi20@hanmail.net
I S B N · 979-11-5860-987-0(13370)